孙永明 著

中国扶贫报告

从闽宁镇的故事说起

外文出版社
FOREIGN LANGUAGES PRESS

图书在版编目（CIP）数据

中国扶贫报告：从闽宁镇的故事说起 / 孙永明著
. — 北京：外文出版社，2022.12
ISBN 978-7-119-12943-3

Ⅰ. ①中… Ⅱ. ①孙… Ⅲ. ①扶贫—案例—永宁县
Ⅳ. ① F127.435

中国版本图书馆 CIP 数据核字（2021）第 255142 号

出版指导：胡开敏　杨春燕
责任编辑：曹晓娟
印刷监制：秦　蒙

中国扶贫报告
从闽宁镇的故事说起

孙永明 **著**

出 版 人：胡开敏
出版发行：外文出版社有限责任公司
地　　址：中国北京西城区百万庄大街 24 号　**邮政编码：**100037
网　　址：http://www.flp.com.cn　**电子邮箱：**flp@cipg.org.cn
电　　话：008610-68320579（总编室）　008610-68996064（编辑部）
008610-68995852（发行部）　008610-68996183（投稿电话）
制　　版：北京杰瑞腾达科技发展有限公司
印　　刷：鸿博昊天科技有限公司
经　　销：新华书店 / 外文书店
开　　本：700mm × 1000mm　1/16　**印　　张：**10.5　**字　　数：**200 千字
版　　次：2022 年 12 月第 1 版第 1 次印刷
书　　号：ISBN 978-7-119-12943-3
定　　价：58.00 元

目录

第一章
一个人类的问题

卡尔·马克思这样描述贫困：“一个住小草房的人在他的邻居搬来并建了一座宫殿之前，他一直是很快乐的，后来，那个住小草房的人开始感觉到了贫困。”

贫穷与“富”相对。贫困英语为“poor”。

卡尔·马克思这样描述贫困：“一个住小草房的人在他的邻居搬来并建了一座宫殿之前，他一直是很快乐的，后来，那个住小草房的人开始感觉到了贫困。”

这是哲学中的比较关系。但时间走过百余年之后，世界的格局发生了巨大的变化，这个关系自然也在发生变化，但核心关系依然存在。这个变化基于不同的文化。但贫困现象依然是人类存在的问题。

位于亚欧大陆东部的中国在洗去历史的耻辱之后，终于站起来了。这个历史上曾经辉煌过的国家和民族已经看到“宫殿”，而且开始创造自己的美好生活。中国的改革开放经历了四十多年的艰苦奋斗，已经进入了快节奏的发展阶段，收获了惊人的成绩，一个被当年人们追求的理想社会已经在部分人群中实现，甚至还超越了当年所追求的目标。当年中国人所追求的：楼上楼下，电灯电话，在多年的努力后已经完成。一些人已经进入了“别墅时代”的生活。然而，许多边远地方的人们依然生活在贫困线以下，期盼着走出贫困。

当然，贫困问题不只是中国的问题，而是世界的问题。1990 年，按照世界银行制定的每人每日 1.9 美元贫困标准，全世界的贫困人口占世界总人口比例大约超过了 30%，这是世界发展中的问题。经历过改革开放飞速发展的中国，和世界其他国家一样，面临着贫富差别悬殊的现象，社会问题随之产生，这些严重阻碍了社会的发展。

中国共产党第十八次全国代表大会之后，以习近平同志为核心的党中央对贫困问题做出了重大的决定：2020 年中国消除绝对贫困。

这是一次巨大的挑战，这是在全世界人民面前做出的庄严承诺，这个承诺要经受巨大的考验。

2021 年 7 月 1 日，在庆祝中国共产党成立 100 周年大会上，中共中央总书记习近平庄严宣告，中国共产党的第一个百年奋斗目标已经实现，“在中华大地上全面建成了小康社会，历史性地解决了绝对贫困问题”。

我们不妨追溯一下，贫困在中国产生的原因。

贫困速写

宁夏回族自治区南部地带，是黄土丘陵区的西吉、海原、固原、隆德、泾源、彭阳等 6 个国家级贫困县的统称。1972 年，这里被联合国粮食开发署确定为最不适宜人类生存的地区之一。宁夏西海固地区属于黄土高原的干旱地区，贫困现象严重。以固原地区为例，

1996年末，其人口和土地面积均占自治区的三分之一，但其工业总产值和财政收入分别仅占自治区总产值的3%和4%，农民人均纯收入810.50元，是自治区平均水平的58%。据宁夏回族自治区扶贫开发办公室调查，西海固地区1996年人均收入为300元至500元。由此可以看出，西海固地区当地农民的贫困程度。另外，宁夏西海固地区人口增长速度超过了经济发展速度，人口与粮食、燃料之间的矛盾尖锐，经济、人口、生态三个系统之间形成恶性循环，农业生态环境恶化。学者们普遍认为，人口压力是造成山区生态破坏的一个重要因素。

宁夏西海固地区移民前的干旱场景（钟培源 摄）

新中国成立后，西海固地区人口长期处于“高出生、低死亡、高增长”的状况，人口数量剧增，生态环境压力过大，导致人地关系失衡，为了维持基本的生存需要，只能掠夺式地利用资源，陡坡开荒，破坏森林和草场资源，使生态环境更加恶化。结果陷入了“人口增加—开垦土地—破坏生态—贫困—人口增加”的恶性循环之中。同时，还造成教育资金短缺、学校基础设施不健全、师资力量薄弱。这些地区经济发展缓慢，地理条件较差，经济收入有限，导致了教育经费的严重短缺，教师队伍的整体素质偏低。虽然在教师的档案中标明是“大专”“本科”等等，但其中90%以上的教师不是正规院校或统招院校的毕业生。大部分小学教师只有中专和高中水平。在这些偏远地区，由于受各种条件的限制，能顺利从小学考入大学的孩子少之又少，大多数孩子中途辍学，其中最重要的原因就是父母不够重视孩子的教育问题。

西海固的贫瘠，西海固的干涸，西海固的千沟万壑，时刻困扰着那里的人们。上天没有因为西海固的贫穷就眷顾西海固的人。几年来，西海固干旱严重，严重缺水，老百姓的生活极度贫困，极度艰难。

西海固的水源其实是地势低洼的地方汇集的雨水，石头砌的水井的水是“好水”，因为人多水少，更多的人是在随意挖的土坑里面或者小水沟里提取所谓的“坏水”，且这里的水很咸，但即使是这样的水，在西海固地区仍然是很缺乏、很珍贵的。这里水源奇缺，让人深深懂得“生命之水”的真正含义。

一碗水从天堂运来，

渴死了祖父。

父亲递给我，

我递给妹妹，

洗净你尘土的脸，

出嫁。

这是宁夏西海固的民谣，它真实地道出了20世纪90年代中期，宁夏西海固缺水的感受，描述了当时老百姓真实的生活状态。

20世纪90年代，宁夏人口近500万，面积为6.64万平方公里，有塞外江南之誉。宁夏，史称西夏国，有着辉煌的历史和美丽的传说。我们翻阅宁夏的文化，您会被一个个壮丽的、史诗般的故事所震撼。遗憾的是，历史往往给予她悲壮。战争和自然灾害等诸多原因，一直影响着宁夏的发展，呈现在我们眼前的宁夏是如此的悲伤和失落。

由于环境的恶化，在宁夏西海固，我们看不到树，看不到一丝一毫的绿色。在这里，甚至没有可以提供人类生存的重要条件：水！

宁夏是黄河经过的地方，本应是吮吸黄河的“乳汁”，尽享母亲河的温暖，但宁夏的西海固地区却因缺水，贫困了几百年的时间。

1997年，初秋。当我第一次面对宁夏的荒土，第一次凝听黄河的声音，看到混浊和凝重的河水从眼前翻滚而过时，不禁感慨万千。我在宁夏固原市的一个乡镇，远远听到孩子们的读书声，循声而去，映入眼帘的景象至今让我无法从记忆中抹去：一间可以看到天空的教室，一块解放牌货车后斗板横穿三分之一的课桌。一排排紧紧挨着、相互拥挤坐着的孩子们。第一排坐了 17 个学生，为一年级；第二排和第三排分别为三年级和四年级的孩子；第四排是五年级和六年级的学生。地处西部的固原，尽管已到初夏季节，但风还是犀利的，它肆无忌惮地直接掀开塑料薄膜的窗户，在孩子们身上穿梭……面对此景，我们在场的人都沉默了。时任福建省扶贫办主任的林月婵看到这一幕，忍不住流下了眼泪。这一幕深深刺痛了她的内心。为此，她带着爱心和职责，20 多年来一直坚守在闽宁帮扶和协作工作的第一线。

我跟随福建考察团的第二站，去农户的家里调研。当时看到一座白色的平房前有一台抽水泵，一位扎着头巾的少妇在打水。陪同的人员告诉我们：只要有抽水泵，这户人家的生活问题就基本解决了。这少妇一脸的微笑足以说明她的生活是幸福的，但对于我们来说，却感觉到有点悲伤。陪同的宁夏政府工作人员告诉我们："不知道地下的水能抽多久。"这句话让人忧心忡忡。天空阴沉沉的，我们期望能够下雨，能够赐予他们哪怕是一滴雨水……

我们走进这位少妇的家，屋里除了简单的生活用品外，没有看到那个年代时尚的东西，而唯一让我们亲身感受到时间给生活带来变化的就是村里的大喇叭。外面的世界对他们而言仿佛不存在一般，他们最希望的就是老天的恩赐。而在与之不到5公里的村庄，我所看到的景象，更令人感到绝望和悲凉：一间连着断壁的土屋，屋里一口冷冷的锅，一张四根木棍支起来的床，床上一团棉絮，一块木头就是他的枕头。出现在我们面前的汉子，40多岁，未婚。我们提出一些问题询问他，他只是憨厚地笑着。后来听当地人说像他这种情况的在这一带较为普遍。太阳落山了，我们离开村庄，放学的孩子走过的身影让我久久矗立在这一片黄土地的沟坎上，心灵像被燃烧过一样，很痛很痛。

翌日，我望着起伏的沟坎，一对新人和他们的亲人从远处走来。婚姻是人类经历的必然过程，这也是解读人类生存的基本意义。于是，我悄然随着队伍前行，到了他们的家，新郎将新娘领到一口窖子前，揭开盖子说："水窖大吗？"新娘发出一声惬意的笑声，回答了一句："没有骗我。"新娘长相俊美，白皙的脸蛋透出红红的色泽，一对水灵灵的大眼睛像宝石镶嵌在脸庞，见到陌生的人，她那聪慧的眼神立刻腼腆地躲开。新郎憨憨地看着我，他脸上的皱褶可以证明他的年龄。因为对陌生环境的不了解，我还是问了句："到了规定年龄才结婚的吧？"新郎黑红的脸膛更红了："嘿嘿，我比她大多了。她爸妈喜欢我这口窖子……"

水窖决定了一个女人的命运。据说，水窖的大小决定了男人的选择权。眼前的新娘如仙女般美丽，如果她不是出生在这个极度贫瘠的地方，一定是影视明星的备选。但她那双美丽动人的眼睛，期盼的却是能拥有村里最大的一个水窖。

宁夏西海固地区移民前的村落（钟培源 摄）

这是宁夏的一个村庄，人口为500多人。其主要收入来自土地。主要农作物为小麦、玉米。当时的宁夏人有句话："种子一袋子，收成一帽子。"

在采访中，我遇到了从贫困中走出来的冯长彪，他的少年时代与他后来工作的地方竟然戏剧般的巧合。我们不妨将这两个情景重现一下。

地点1：山区小学。

时间1：1977年，初夏。

事件1：学生们正在上课。天上已经数月没有下雨，大风猛烈地吹着，坐在地上的冯长彪和他的同学在沙土的地面上临摹着老师的字：祖国。此时风刮得更猛了，同学们留在沙土地上的字瞬间消失。

老师只能等风停后继续上课。

“我们希望下雪。因为下雪后，我们可以在雪地里学写字。还有，下雪就有水了。我们都会从雪地里取水。”

地点 2：山区小学。

时间 2：1990 年初秋。

事件 2：学生们正在上课。冯长彪时任乡镇干部，他下乡来到学校，此时，孩子们整整齐齐地坐在地上，正按照老师教的笔画，一笔一笔地在地上写着。风从冯长彪的耳边刮过，地面上孩子们写的字也随风而去。但他们依然凭借着记忆，重新描绘出字形。

这两个场景电影般在冯长彪眼前闪现，他对此百感交集，面对我的采访，他哽咽了，他把头埋到自己的怀里：“没想到啊，我读完书回到家乡，多少年过去了，家乡还是这样。我下定决心，要做的第一件事就是解决这个问题。让孩子们有一个好的读书环境。”

韩生昌，男，回族，1955 年生于宁夏固原。1974 年，他在全县农业学大寨的“战场”上遇到了锁成梅。锁成梅是生产队的劳动模范，韩生昌是他所在队里的劳动生产先进分子，两人在劳动中认识，在劳动竞赛中萌发爱情。他们所在的两个村分别在两个山头。每天下工后，韩生昌便禁不住往身后的山头望去。在这两座山头的沟里有口井，这口井连接着两个村子里老百姓的命。村里每户人家都来这里取水。取水的队伍排得很长很长，韩生昌只要遇到锁成梅，就会让出自己的位置，锁成梅如果先到，也会给韩生昌让出自己的位子。极度缺水的农民能够做出这样的牺牲，足以看到对方的真诚，因为每担水要走 2.5 公里的山路。后来，韩生昌和锁成梅结婚了，韩生昌完成了人生的第一件大事。但紧接着一个重要的问题涌上心头：“怎么给心爱的妻子一个更好的生活呢？”

这是那个年代的爱情，是当时社会文化的符号。不热爱劳动的人被人藐视，这个优良传统为宁夏改变贫困发挥了积极的作用。

王昌，男，宁夏王乐井乡人，出生在一个贫困家庭，他的父母早早去世。在他的生活里，贫困陪同他度过了少年、青年，到了成家的年龄，他不得不入赘他乡，他想通过婚姻改变自己的处境。因为没有水，再好的土质也长不出果实。这不仅仅是他居住的村庄缺水，而是那片土地都缺水。当他的岳父岳母相继离开他们时，他不得不带着两个孩子和妻子重新回到出生的村庄。在大家的记忆里，那是一个没有太阳的日子，在山沟狭小的村道上，出现了 4 个人的身影，有人喊：“王昌回来啦。”村子里的人看到他带着衣衫褴褛的妻子和孩子慢慢走来，叹息道：“这一家人将来怎么生活啊？”

谢兴昌，男，出生在贫困的山区，读了几年书，因为生活的艰辛而被迫放弃学业。他身材矮小，目光锐利，善于言辞。在他的记忆里，他的父母没有洗过澡，没有喝过一口干净的水。他曾经立下誓言，今生一心一意带领着村民打井……但现实却让他绝望，上天没有赐予他们一滴水，靠天吃饭的西海固农民，不得不为自己不断吃国家救济粮而感到无比的羞愧。他感叹道：“天天盼望着下雨，老天不给我们面子啊！这就是我们的命吗？”1997 年春天，他在自家的土地上播下种子后，便悄然走出宁夏固原市西吉县的那片大山，开始寻找有水的地方。

万国宝，宁夏回族自治区固原市隆德县山河乡地湾村主任，一名中共党员。他毫不掩饰自己的贫穷，几十年面朝黄土背朝天的日子恶魔般地缠绕着他。即使付出百般的努力，他的日子依然贫困。因为土地没有给予他生活的希望。万般无奈之下，他决心离开这片土地，去寻找新的出路。离开前，他面对祖坟重重地磕了几个头，以表达自己的歉意……

李渊，男，60多岁。他出生在宁夏西海固这片干涸的土地上，上天把他安排在这里，他没有选择。长时间在这里生活，他似乎已经适应了这样的环境。但令他做梦也没有想到的是，一场暴雨使他的生活出现了拐点，这场暴雨是生活在这里的村民，60多年来第一次遇到的。开始他听到雨声，十分欣喜，但随着雨声的逐渐加大，房屋发出漏水的声音，继而漏水的声音越来越大，甚至漫延到炕下，他争分夺秒将粮食拿到高处，保住粮食，以保证家人的温饱。此时，屋顶崩塌，李渊带着家人逃离险境。第二天，政府的救援工作队赶到村庄。李渊当着救援队人员的面，哭着祈求道："我要搬迁，我再也不住在这里了。"

就在这场暴雨之后，李渊带着家人来到父亲的坟前，双膝跪地含泪话别，他决心带着一家人搬离生活几代人的村庄。这里所说的搬迁就是当年的移居工程。

当李渊来到新居时，他眼前的土地不再是他先前所在的沟坎和荒滩，从此他不再为如何能喝上一口水而绞尽脑汁了。他实现了心中最强烈的愿望："能喝上黄河水了……"

是的，一个农民，一生的愿望就是为了能喝口水，能够靠自己的努力养育自己的后代，他们没有太多的奢望，仅仅是维系自己家族的血脉。李渊是宁夏闽宁镇的第一代农民。

中国贫困人口大多分布在边疆、边境地区，如新疆南面的部分市、县；西藏北边的市、县；青海靠近无人区的县乡与高原地区的县乡；还有一些环境恶劣的地区，如宁夏回族自治区、甘肃省以及中部省界地区。习近平总书记在 2013 年 11 月 26 日同山东省菏泽市及县区主要负责同志座谈时，曾从历史唯物观的角度看到贫困产生的深层次原因："贫困之冰，非一日之寒；破冰之功，非一春之暖。"

1995 年春末，在西藏朗县，时任县委书记的郑民生带着县委领导班子下乡考察。这是他们进藏后第一次来到这个乡。他看的第一个场景就是乡里的小学。郑民生面对这些孩子们，热泪涌出，眼前的景象令他痛心：孩子们坐在牛粪上听老师讲课。当时讲课的丹珍老师见到郑民生，紧张地说不出话来。她不知道郑民生是什么人，战战兢兢地看着他们。匆匆忙忙赶来的村支书立刻向孩子们示意起立，表示欢迎，郑民生等人试图阻止孩子们起立，但当孩子们听到县委书记出现在他们面前时，都惊喜地站起来鼓掌。郑民生走到孩子们身边，紧紧拥抱着他们。孩子们的屁股上是一团湿漉漉的牛粪……郑民生拿出随身携带的 500 元钱交给村支书，其他随同的工作人员也纷纷拿出自己的钱。"你马上去办，给孩子们去买桌子、椅子，马上！"郑民生说完，觉得自己的要求不切合实际，远离县城的山区怎么能马上解决："这样，一个星期，不，不要超过3天……"

西藏八宿位于怒江上游，在318国道旁边住着3户贫困人家。一个叫阿松，一个叫格桑，还有一个叫阿姆。按照藏族的传统，人们可以从她们家的餐具看出其生活水平。她们的餐具是木头的，边上镶着做工极粗的银边，碗里的糌粑只放些酥油，她们相互打趣自己吃的是"神仙"的午餐。简陋的门框上没有太多的雕刻装饰，她们的男人已经赶着牛羊到远处的牧场去了。她们天天期待着未来美好日子的到来。

1996年初夏的一天，在西藏的朗县，我沿着崎岖险峻的山路，喘着粗气，陪伴着3个藏族的孩子从学校返回他们的家中。他们回家的路是雅鲁藏布江一条狭小的支流。这条路对于这3个孩子来说是轻车熟路，即便是特别陡峭的路段，脚下是水流湍急的河流，他们依然能够快速地穿越，云彩就在他们的脚下。我是应他们中一个名叫罗桑的姑娘请求，去她家去说服她的阿妈让她妹妹继续读书的。这一天正好是周末，下周一，她的妹妹达娃就不再上学了。在罗桑和老师的眼里，达娃是个非常优秀的学生，弃学是一件很悲伤的事。达娃一路上用藏语问姐姐："这个福建来的人真的能说服阿妈吗？"一旁的我，能听懂些藏语。说实话，我真的担心走了这么长的路，最后会以失败告终，那就太对不住这个孩子了。

达娃和罗桑的家在高高的山坡上，她们的阿妈看到了我，便热情地邀请我进家。达娃立刻烧了热水，罗桑用勺子舀了点酥油。我看到罗桑打开的油纸包里，酥油已经不多了，从这油纸包可以看出她们家生活的窘迫。

“您是老师？新来的？”

我摇头又点头，不知道如何回答。

聪明的达娃回答说：“他是福建来的。”

阿妈立刻向我行了一个礼：“欢迎，欢迎，福建来的，福建好人多，做好事的来了。”

我了解到达娃和罗桑的爸爸去年刚刚去世，对此我说话特别谨慎，一边喝着香气飘逸的酥油茶，一边想着如何切入主题。没想到孩子的妈妈却先我开口道：“我们家有劳动力的只有我一个人，我还要赡养孩子的爷爷……”

我接着她的话，说：“这样好不好，她们读书所有的开支由我和福建的干部负责，您看可以吗？”

阿妈却直言道：“我们的孩子由我们自己来养大，不需要别人的帮助。”

“但您不能荒废达娃的学业啊，”说到这里，我又感觉太委婉了，于是就干脆直白表达：“达娃是全校最优秀的学生，不读书可惜了。她是您的骄傲，也是村子的骄傲。”

她们的阿妈一直摇头，不愿意接受我的建议。村支书德吉闻讯立刻赶到，帮助我说服这位阿妈：“嗨，这位是代表福建人来帮助我们的。”她对阿妈说，“你这死脑筋，就这几年，坚持一下，雏鹰的翅膀就长结实了，就可以飞了，会飞得很高，这多好呀。”

阿妈看着两姐妹，心里想着取舍。德吉书记干脆直截了当说："别山不山，水不水的，有山就有水，这样才全面，就这么决定了。你看这位好人缺氧，爬了这么高的山路，累得气喘吁吁，专门来帮助你的……你有时间就赶羊，没时间就把羊群交给村里，大家一起放。"

"我们家里的事，您就别操心了……"

我以为德吉书记的话，能够解决阿妈的忧愁，可阿妈的最后那句话令我至今还心疼："姑娘家，飞得再高也是别人的媳妇……"此刻，我的心立即被刺痛了一下，陷入沉思中……

1996 年春天，在西藏米林县，援藏县委书记叶康勇到偏远的山村做调研，同行的还有福建第一批医疗队的 4 个医生。他们第一次乘坐牛皮船在艰险中越过了雅鲁藏布江，骑马翻越了 4000 米的高山，夜宿山村。他们还随身携带了放映机和一台小型发电机。这是一个令村民难忘的夜晚，因为在自己家里，就看到了电影《少林寺》。第二天，经过长途跋涉的 4 名医生开始给排着长队的藏族群众看病。乡里的领导带着各种问题咨询县委书记叶康勇，他们应该如何改变这个村子的生存状态。叶康勇对这个问题只能沉默，再沉默……

在新疆阿克苏市郊区，双目失明的维吾尔族农民毛拉麦提正在发愁，女儿阿里尔古丽虽小，但可以帮助他做点事。可是女儿已经到了读书的年龄了，她应该去上学了。他想自力更生把家里的农活做了，就尝试着凭借记忆和感觉摸索着向自己的田地里走去。刚离开自己的院子时，心里原本还有一缕光明，但这这缕光明随着马路上的汽车鸣笛声被驱散了。要不是古丽发现得早，可能早就没命了……当时，浙江省援疆总指挥杨国正带着毛拉麦提，万分火急地赶到乌鲁木齐医院，毛拉麦提总算抢救过来了，保住了一条命。

湖南省湘西土家族苗族自治州的十八洞村，在20世纪七八十年代被称为飞虫寨。在这个寨子里，村里的龙士德和吴金莲连续生了五个漂亮的姑娘，人称“苗花五朵”。而龙士德夫妇却对着这五朵“苗花”发愁，天天寻思着如何养活她们，如何供应她们读书……

周光尧，是湖南省北溶乡桐溪浪村湾山溪组的一位村民。在改革开放前期，这个村被称为“孤独的守护村”。村里的大部分青年，不论男女都走出村寨到广东打工，而村民周光尧却因父亲年迈，无法离开村子，靠着山上的那些土特产和地里的水稻维系着日子。周光尧没有料到，一次去打柴，他突然从山上的陡坡上滑倒，造成严重的两腿骨折。好不容易爬到村里，村里的老人们趺趺撞撞地把他抬到村口，他们一连打了十几个电话，结果120的救护车在6小时后才出现在村里……

湖南有个地名，叫借母溪。借母溪流传着一个是有关男人和女人的故事。因为贫穷，这里的女人不会嫁给当地的男人。为了传宗接代，村里的男人只能委托村里德高望重的人到远处“借”女人到村子里生孩子。当这个男人得到孩子后，女性就要离开村庄。中华人民共和国成立后，这个陋习被严令禁止，但贫穷的帽子依然戴在他们的头上。新的观念让这里的人们改变了婚约状态，实行一夫一妻制度。但是他们的日子也只能守在这一份田地上，靠着国家的救济粮度日。20世纪八九十年代，村里的年轻人纷纷走出大山，到沿海一带打工。村里只留下老人和孩子。因为贫困，村子里即便是已经成家的男人中，也有50%是离异的……

成立于1987年12月的福建省宁德地区下党乡，被省政府定位为贫困乡，而且是极度贫困乡。该乡的卫生院吴院长心脏病突然发作，大家翻山越岭把他抬出大山，但因交通问题，他还是没有得到及时抢救，就这样结束了年轻的生命。另外，下党乡的年轻男性很难找到妻子，很多人孤老终生。

广西百色市百坭村是一个贫困村，周围石山林立，山路蜿蜒陡峭，基础设施薄弱，全村11个自然屯散落在大山深处，有几个屯离村委10公里以上，最远的达13公里。连绵的群山阻碍了村里人的视线，不便的交通限制了他们的思想，脱贫致富是他们祖祖辈辈的梦想。

龙正国是来自深圳南山区的帮扶干部，他踏上广西壮族自治区百色市德保县的第二天，就深入到当地一家老百姓家中调研。他坐在壮族老百姓的小椅子上，和走访群众对话，尽管对方的普通话拗口，龙正国还是认真地听着，这位群众应该是这个村里最困难的贫困户。当时映入龙正国眼帘的情景，至今还令他难以忘怀：在这位老百姓的家里，除了墙上张贴的十年没有更换的报纸外，就再也无法找到任何值钱的东西了。他想看看这家人冬天的穿戴是否准备了，对方苦笑着摇了摇头。

龙正国问："就您一个人吗？"

"嗯"，对方点了点头。

村主任补充道："这几年，他家里连续'走'了两个人……"

对方接着回答："先是母亲离开，紧接着是父亲……"

龙正国问："是因为生病吗？"

对方还是点头。他没有直视龙正国，眼睛茫然地看着窗外。窗外是一座座耸立的山峦，像塔一样的山。

在中国960多万平方公里的广袤土地上，有一个山西左权县。左权县原名为辽县，全面抗日战争时期，这里是八路军的故乡，巍巍太行山传颂着抗日英雄的故事。这个县曾经经历过血与火的洗礼。1942年，全县老百姓联名写信要求将辽县改名为左权县，就是为了纪念为中国革命牺牲的左权将军。但这里的人民却因为历史的原因，一直生活在贫困中。

不只是中国的部分地方，因为环境的恶劣，地球上许多村庄和人群都面临着贫困和极度贫困的处境。在地球的南部，非洲的贫困依然引起世界的关注。今天的世界，凡是战乱中的村庄都面临着生死考验。2003年，一个从非洲回来的福建商人非常坦率地告诉我："南非是贫富差距较大的地域。一颗糖果可以使这里贫困的孩子高兴一天的时间。"

造成这些区域贫困的原因各种各样：有的是因为战争，有的则是国家的分裂，再则便是人类为了盲目追求利益而对自然界的掠夺和伤害。解决贫困是人权最基本的要求。

这些现象足以证明，地球上的贫困现象不容轻视，它是这个地球上存在的最大问题。于是，世界各国的领导者们纷纷对此做出各自的努力。每一位领导者都明白贫困所带来的问题。它不仅仅是简单的“贫困”两个字，会出现恶性循环，给人类自身带来难以估量的灾难。因为贫困和疾病、饥饿是一对关系密切的“难兄难弟”。我们无须讨论它们之间所产生的因果关系，但贫困问题已经成为世界发展的障碍。

掠夺后的贫困和贫穷后的掠夺都是人类的灾难。20 世纪末，笔者曾先后 3 次进入中国西部的宁夏回族自治区，12 次随扶贫工作组去西藏自治区，5 次探访新疆维吾尔自治区，两次深入云南文山州边境乡村采访。我曾经和那里的人们交流座谈有关贫困的话题。

我和宁夏西海固马 ×× 交谈时，正在他的婚礼上，那年他大约 21 岁，“地里种的是什么？”

“麦子和马铃薯。”他回答得很简单。

“还能种其他农作物吗？”

他只有摇头，没有说话，只是沉默地看着我。他在思考，我还会提出什么样的问题，但我没有继续提问，眼前能够看到的黄土地已经说明了一切。人们在婚礼上可以吃到的东西也就是一碗放着辣椒的面条。在宁夏西海固地区，夜不闭户，路不拾遗，民风十分淳朴。但唯一让人痛心的就是每家每户院子里的水窖必须上锁。这个村庄留给我的记忆就是这些。几十户人、几百号人基本的生活水平就是依靠国家的资助，没有别的选择。同样的人口，同样的村落，西藏米林县加纳村的生活状况，更让我彻夜未眠。那时，我们骑马加步行两天到达这个雅鲁藏布江大峡谷最后一个村庄，在那个名叫老虎嘴的悬崖边，险些跌落峡谷。一个巨大的疑惑在我心里产生：为什么要深居在如此险要的深谷里呢？难道他们已经真正达到隐居的境界？夜幕降临时，我们跟着这个村的村主任挨家挨户走访时，才真正了解到他们贫困的状况和原因。

中国传统农业依靠的是天，一个占世界人口五分之一的中国，究竟有多少人生活在贫困线上？地球上又有多少人依然还被贫困所困扰？

近些年，联合国不断调整贫困标准。从人均日消费 1.2 美元到 1.9 美元。2015 年 7 月，联合国发布了《千年发展目标 2015 年报告》，报告中显示，生活在极端贫困中的人数从 1990 年的 19 亿降至 2015 年的 8.36 亿，其中贫困人口锐减大多是在 2000 年后取得的。尽管全球总体上实现了千年发展目标的减贫目标，但从区域来看，减贫的进展并不平衡。在 2015 年 9 月举办的联合国发展峰会上，通过了新的发展议程。新发展议程包括 17 个可持续发展目标和 169 个具体目标，可持续发展目标中的第一个提到的就是“在全世界消除一切形式的贫穷”，下设 7 个具体目标，其中第一个具体目标是“到 2030 年，在世界所有人口中消除极端贫穷。”

2021 年 2 月 25 日，习近平总书记在全国脱贫攻坚总结表彰大会上发表了重要讲话，其中提到“在迎来中国共产党成立一百周年的重要时刻，我国脱贫攻坚战取得了全面胜利，现行标准下

9899万农村贫困人口全部脱贫，832个贫困县全部摘帽，12.8万个贫困村全部出列，区域性整体贫困得到解决，完成了消除绝对贫困的艰巨任务，创造了又一个彪炳史册的人间奇迹！这是中国人民的伟大光荣，是中国共产党的伟大光荣，是中华民族的伟大光荣！”

贫困的背景与影响

贫困来自何处，又将走向何方。寻找贫困的源头是解决贫困和消灭贫困的起点。

闭塞的交通

从宏观看，20世纪中国贫困地区的发生地都是由极端落后的自然环境造成的，一切生产劳动都受到恶劣自然条件的限制。按照中华人民共和国行政区划，西部地区为中国较为贫困地区。包括西藏自治区、新疆维吾尔自治区、宁夏回族自治区、广西壮族自治区和内蒙古自治区以及陕西、青海、甘肃、四川、云南、贵州等部分地区。这些贫困现象的发生地都有一个普遍现象，就是交通闭塞。交通的不便，给这些地方的人们造成严重的生产和思想滞后的社会状态。

福建省宁德市下党乡被人们称为“五无”乡。即无公路、无自来水、无电话和电灯、无财政收入、无政府办公场所。1988年农民人均收入仅有 198 元人民币。今天，我们很难想象：这个美丽的下党乡当时为何这么贫穷，其根本原因就是交通闭塞。走出下党乡的人们再也不愿意回家。这里的年轻男性难以得到外乡女孩的青睐，因而，这个村是远近闻名的“光棍村”。同样，福建省宁德市赤溪村 280 户农民分布在 14 个自然村，人均可支配收入不足 200 元人民币。尽管周围是秀美的山河景观，但贫穷始终围绕着他们，人与人的交流陷入了僵化的状态。外面的世界对他们而言只是“传说”。

同时在贫困群体里，还有一个动态的现象，即因病受困和因病返贫。宁德市寿宁县下党乡就有 12 户人家因家中主要劳动力患有重病，而一直生活在贫困中，这属于相对贫困。

当年的扶贫干部来到这些困难家庭，目睹实况，了解实情，他们看到的是绝望和悲痛的眼神。这些贫困家庭的子女穿着别人捐赠的衣服和鞋子，小小年纪就承担起家庭的重担。有一个 9 岁的女孩，每天放学后就急匆匆赶回家，除了带弟弟外，她还要在自家的地里种菜、除草和施肥。她每天很早起床，先挑着蔬菜到市场上卖，然后才能背着书包去上学。为了能够让患癌症的父亲多活些日子，小小年纪的她，就肩负起家庭生活的重担。母亲因家庭过于贫困而改嫁他乡。

我们从中国的贫困现象中可以看到，贫困的绝大部分原因是历史和环境问题造成的。因为在中国这块土地上生活的人民，都具有独特的坚韧和勤劳。他们的贫困均来自历史遗留问题、环境变化等。

1996 年初春，位于西藏南迦巴瓦峰下加纳村的村民们迎来福建援藏干部和他们带来的一支医疗队。这些干部们经历了两天的辛苦旅程，途经一个名叫老虎嘴的地方。老虎嘴是一块巨石，突出在雅鲁藏布江大峡谷，下面是滚滚的江水。这个老虎嘴曾经断送了几个人的生命，于是，后来就很少有人进入这个村。这支援藏干部队伍在经过老虎嘴时发生了惊马事件，有惊无险，直到夜幕降临，这支队伍才走进村子。我们了解到：这个村庄已经有两百年左右的历史了，这里的村民都是当年逃亡的奴隶。就是因为老虎嘴的存在，这个村庄才得以存在并繁衍到今天。翌日，阳光把梯田上的绿色送到大家的眼前，鲜艳的油菜花点缀出生命的色彩。这里除了部分的青稞外，就是依靠绿色和黄色交错的田野和雪山生存了几十代人。险峻的山峦阻碍了他们的视野，影响了当地的发展，将他们与外面的世界隔绝。

湖南省占地面积最大的沅陵县借母溪乡，交通一直很闭塞，所有的生产劳动和生活都只能在狭小的山间小路上进行。虽然“借母”的形式被取缔，但这里的男人依然很多是单身。没有路就没有视野。这个地方很少有人关注，这个地方的人们也很少走出大山。

2015 年 12 月的一个夜晚，湖南省怀化市沅陵县人大常委会主任张世雄接到帮扶村主任的电话，内容是六斗坪村跑了两个媳妇。“她们连自己的亲生儿子都不要了……她们现在谁的电话都不接……”熟悉情况的张世雄从手机里搜到这两个女人的手机号码，便立刻给她们打电话，对方接通后，仍坚持要离开，最后张世雄告诉她:“您看到了吗?路很快就修好了,很快,请您相信我。”这次通话,让张世雄把已经在车站的一位媳妇给挽留了下来。但另一个逃跑的媳妇,却一直没有接听电话。

广西百色德保县的一对青年准备结婚,男方带着女方回家见父母,两人面对眼前的崇山峻岭,女方问:“还要走多远啊?亲爱的。”

“15 里路。”男方回答。

女方说:“要爬山?”

男方点头:“如果你走不动了,我就背你。”

“好啊,这是多么浪漫的一件事啊。”

一对情侣沿着山路艰难地攀登,美丽的浪漫变成了沮丧,沮丧之后便面临残酷的分手结局。一段经历三年多的爱情就这样被崎岖的山路埋葬了。这段经历,对这对有情人来说,留下的是无尽的遗憾和悲伤……

湖南的沅陵县、广西的德保县都是中国最美的地方。因为交通问题,它们被深藏在中国的版图上,即使有人“窥视”到它们的美丽也力不从心,只能眺望美景,无法触摸到它的内涵和实质。

交通的落后制约了人们的视野,这不仅使人类的情感受到一定的制约,经济发展同样受到限制。看不到就无法想到,最后的结果自然是以制约发展为代价,以贫困为结局。

20 世纪 80 年代至 90 年代,著名的武夷山茶和安溪的茶也只能“守”在青山被廉价销售。福建德化的陶瓷、建宁的莲子,湖南沅陵广西百色的菌菇以及自然环境生长的优质农产品,只能就地消化,无法进入更大的市场，获取更大的利润，尽管这些都是市场紧俏的产品。也有经销商青睐他们产品的优质，但运输成本远远高于产品自身，于是便遗憾地离开，放弃了投资。

社会的发展与滞后的环境在新时期交汇，形成了新的障碍。在闭塞的空间里，这些地方的群众几乎在绝望中煎熬着。他们看不到自身的价值，也对生活失去了信心。

在许多缺水的地方，人们的身体健康受到严重的威胁，这也是贫困的根本原因。在宁夏王乐井乡曾记畔村支部书记朱玉国的记忆里：没有实施国家脱贫工程前，村里没有人洗过澡，喝的水都是天上的雨水。

另外，贫困还带来了一系列的社会问题，从而影响了这个地区的社会发展。

历史残留问题的存在

我们翻阅历史资料发现：被联合国审定为不宜居住的宁夏西海固地区，原本是一片肥沃的土地。《山海经》中记载“其木多棕，其草多竹”。但因为这里是战略要地，黄河横穿而过，战争频发。至北魏起，就烽火不断。封建君主为了巩固其政权，大量屯兵，大规模砍伐，使之原有的“谷稼殷积，牛羊塞道”的繁荣景象消失在时空的烟云中。环境的恶劣，导致这里的人们陷入生活的窘境。

与之雷同的福建省长汀县河田镇也因自然灾害和战争，再加上大量的森林砍伐造成了当地严重的水土流失。河田镇的老百姓不得不重新选择自己的出路。他们选择了综合型治理的方法，但因时间关系没有达到预期效果，甚至加剧了生态的破坏。

在我国历史的进程中，曾经有过违背自然规律和社会发展规律的两次事件，即“大集体”和“大跃进”。尤其是“大跃进”时期，对自然环境的破坏达到了历史的巅峰。在宁夏当代史的记录里可以看到，固原、西吉、海源、彭阳半干旱荒土丘陵地区甚至还不到1%的绿色覆盖率。大自然的规律没有受到应有的尊重，于是一场场的灾难频频发生，导致风沙剧增，雨水减少。从20世纪50年代到90年代，南部山区的降水量逐年减少，风沙线和干旱带向南部山区推进了80公里至100公里。一个个人间悲剧也随之发生。

湖南沅陵县，被称为“湘西门户”，各乡镇之间的联络就因交通问题而无法有序沟通，更不用说与外部联系了。因此沅陵县的经济一直处于落后状态。随着信息时代的来临，被交通制约的地区逐步被边缘化。它们要获取外部的信息就更为艰难。1995年至1997年，笔者先后9次进藏，在西藏林芝地区所在地八一镇和米林县看到：这里挂电话的队伍从下午3点钟就开始排队，队伍很长很长，每个人只限3分钟的时间。一旦遇到没挂通的状况，就得重新排队等待下一个来回。

在宁夏某山区，这里的村庄第一次放映电影，这部电影讲述的是关于战争的故事，那里的孩子看电影时，纷纷跑到荧幕后面准备捡“子弹”。我们不能将孩子们的行为设定为愚昧，而是应该审视他们生活的环境决定了他们的思维意识。因为在这个村庄的历史上，从没有见到过电影这种艺术形式。

20 世纪 90 年代，中国政府开始对这些地区进行信息工程的改造。当时的国家广播电视总局开始向这些地区安装卫星天线，并给每家每户配备必要的电视和广播，让他们能及时看到外面世界的变化。为了拓宽贫困人口的视野，中国政府实施了各种措施，为全面决战脱贫奠定了基础，也推动了改革开放后的扶贫进程。

20 世纪 90 年代，在中国的各地到处都可以看到这句口号：要致富先修路。修路不仅便于人们的交通往来，同时也是拓宽贫困人群视野的一项伟大工程。

福建长汀县的河田镇远古时代原本是具有绿水青山的一片宝地，从《长汀县志》上看，现在这片呈现在人们眼前的荒山是一场场战火造成的。在国内革命战争时期，国民党为了消灭苏区红军，摧毁红色政权，对长汀进行了大规模的烧杀，河田这块土地被彻底毁坏……中华人民共和国成立后，这里的村民依靠仅存的贫瘠空间维系着生存。到了 20 世纪 50 年代的三年困难时期，河田人雪上加霜，山上的一棵草都没有留下。河田所有的山脊都成了红土，赤裸裸地袒露着，面对着无数的风风雨雨。由于大量的泥土流失，当地的人们陷入了极度贫困的境地。

这是战争所产生的贫困问题。这种社会现象不仅仅发生在中国，这也是世界贫困国家中常见的社会问题。

思想的贫瘠

人类的交流除了语言之外，另一种交流的方式便是交通，这似乎远远比语言重要。交通可以理解为基础建设的道路和信息空间的交流，这些直接影响到人的思想交流。人的思想观念的形成是依靠信息的沟通来实现的。

福建宁德市寿宁县下党村的一位村民，1998 年第一次走出下党村，来到宁德市，映入他眼帘的一幕幕景象令他紧张与亢奋："原来外面的世界是这样的，我养猪十几年，最怕的是猪太肥，如果有这样的路，我可以把一群猪养得肥肥的……"他的感慨也说明了思想意识的局限。他开始接受外面世界的观念，学会了选择猪种。后来他因养猪逐步摆脱了贫困。

2003 年春天，慈善家曹德旺来到福建省宁德市寿宁县下党乡上党村一个贫困户家中，这家有两位老人。因为要照顾老人，这家的主人便留在村里，但因为贫穷一直娶不到媳妇。这是曹德旺第二次来到他家。他一进贫困户的院子，就感到十分诧异，他问带着一脸憨笑的贫困户："羊上山了？"

贫困户苦笑着不说话。陪同的村民替他解释："他爸生病了，病得很重……"

"羊卖了还是吃了？"慈善家直截了当。

"呵呵"贫困户先是沉默，片刻后，他告诉这位慈善家："吃了，我实在没办法了……"

这位慈善家沉默片刻后，对这位贫困户说："坐上我的车，走。"村里的干部和陪同人员疑惑地看着他们俩。慈善家带着贫困户来到县城的牲畜市场，挑了两头耕牛，让贫困户牵回去，对他说："这个你吃不了，还可以挣钱。我还会来的。"

这位贫困户一脸的尴尬，牵着牛回家了。

曹德旺告诉村干部："我小时候尝过贫困的滋味，一年只有 3 个月能够吃到米饭，其余的都是地瓜，为了能够保证一年都有吃的，我们就把地瓜晒成干，或者切成细条晒干，也叫地瓜米糁。"他十分理解贫困农民的想法，因为他亲身经历过贫困岁月的艰难。

曹德旺解释自己行为，说了一句话："不能让贫困的生活限制了人的眼睛，看不到希望。贫困不能失去精神，不能因为贫困就可以选择'精神自杀'。"

有这样一组数据，反映 2013 年的福建省寿宁县下党乡下党村的真实状况：该村地处山高沟深的西部，全村 2000 多人，700 多户。其中贫困人口 289 户，1653 人；因触犯法律，受到法律制裁的近 20 人；外出打工的占 67%，留守儿童 187 人，离异家庭 25 户，孤寡老人 98 人。人均年收入约计 5000 元，危屋 200 多座。

2000 年冬天，在新疆昌吉回族自治州玛纳斯县，正在帮扶的援疆干部看到了这样一幕：在雪地里疾走的一位上学的孩子，准备叫上同班同学一块去上学，当他路过同学家的门口时，那位同学的父亲告诉他："走吧，我们家的孩子不去上学了，因为没有衣服穿。"听到这些话，这位援疆干部就走进这个老乡的家，看到的是燃烧将尽的炉子。于是，他拿出自己的积蓄为这位老乡买了煤和孩子的一套冬装。但是令这位干部无法理解的是：这位父亲依然不让孩子上学，而是命令孩子赶着他家的羊群……他面对干部的询问，低着头小声嘟囔道："羊可以养活我们，而读书却不能……"牧民那纯朴、率直的回答令援疆干部沉默了良久。在帮扶工作中，这是帮扶干部遇到的最大难题：他只能拿出具体的行动来改变这位老乡的思想观念。

"孩子的未来怎么办？您为孩子想过吗？"

"嗨，有啥可想的，就是放羊呗。我们家几代人都在放羊啊！"

"不想改变？"

"怎么改变，改变什么呀？我们一辈辈都是这么过来的。"

没有走出戈壁滩就看不到外面的世界。绝望后的贫困户只有依附传统的观念，维系着他们现有的生活。

2015 年春天，山西左权县扶贫干部张晶进村，她按照自己的工作计划，在石匣乡长城村逐家逐户地和贫困户见面。

"您好，我是负责您脱贫的人。"她把自己的姓名、电话号码贴在贫困户的门上，还顺便带来了 5 斤大米和 2 斤肉、一把青菜，以及新买的毛巾和香皂。这户家里的两位老人惊愕地看着这个县城来的女同志。张晶花了两个小时收拾好他们的屋子，接着就和两位老人聊天："政府让我来，就是帮助您脱贫，过上好日子。"

老人先是纳闷，然后回了张晶一句话："我们已经生活得很好了，感谢您还给我们带了这么多的东西。领救济粮的时间很快就到啦，姑娘，您也别操心了。”

张晶看着屋顶，关心地问：“下雨天会漏雨吗？”

老人苦笑道：“最近旱，我们习惯了……”

张晶对此苦笑无语。

这对老人，从20年前就靠领救济粮过日子了。因此，他们的头上一直戴着特困户的“帽子”。

张晶问了句：“将来过更好的日子，不好吗？”

两个老人异口同声道：“现在这样也很好，习惯了。”

老人第二次重复他的“习惯”，张晶沉默了，用惊讶的目光看着老人。“习惯”二字深深刺痛了张晶的心，她决定要改变他们的“习惯。”因为这“习惯”会继续阻碍老人的生活，甚至会影响到下一代人的成长。

在湖南通道县牙屯堡镇文坡村，我见到了村党委书记粟田梅，她是一位很干练的女人，说话办事总是刚柔相伴。她在担任村党委书记的村民大会上宣布，要把村里养猪养牛的圈栏一并搬迁到统一规划好的地方。

“为什么要搬迁？我们几代人都这么过来了……”

粟田梅问：“村里的环境好些，大家日子过得富裕点不是更好吗？”

“好什么呀，我们侗族人几辈子都是这样过的。”

“那是过去。今天，我们要改变一下……”

“不行！我家不行！”

一场激烈的争论开始了。有人退场，有人开始指责，有人甚至指着粟田梅的鼻子吼道：“你敢拆我的猪圈，我就拆你家的房子。”

原本宁静的山村沸腾了，平静的生活被粟田梅的计划“搅乱”了。

粟田梅对此做好了心理的准备，有位村民撂下这样一句话：“改什么！不改难道就没有明天吗？”

“有明天，但明天你们还是和猪住在一起吗？还是和你们养的鸡鸭住在一个院子里？”

一些上了年纪的老人对她说：“你先把你家给搞清楚吧，我们自己该怎么过就怎么过。”

邓欧，湖南省怀化市沅陵县官庄镇副镇长。官庄镇贫困人口 143 人，38 户。作为扶贫工作队的队长，邓欧要逐个走访这 38 户。而这些户分布在镇区的四个方向。最远的地方要走 20 多公里。在走访过程中，他遇到的第一个难题是如何面对老百姓家里喂养的狗。邓欧首先想办法和每家每户的狗混熟后，逐步深入到每一户群众的家里。面对我的采访，他说：“我告诉他们，习近平总书记的重要讲话精神是要改变他们贫困的生活，具体来说，就是要帮助他们从贫困中走出来，想办法让他们生活得比现在好。他们中有人希望改变，有人却觉得拿着救济粮和每年过年的补助钱就已经很好了。所以，刚开始做工作时，很艰难，关键是改变他们的观念。”

改变是痛苦的，改变观念就是要摧毁旧的观念。但没有改变就没有希望。

时间让很多人沉迷在自己所处的时空中，当这个时空是封闭的，人们的思想观念就难以从旧的认识中挣脱出来。似乎他们已经接受了贫穷，似乎他们没有选择。当贫穷带来愚昧与落后时，人们会出现两种情况：一是觉醒；二是沉沦。因为他们没有看到希望。

贫穷容易丧志。“我没感觉到穷，当时也没觉得穷就是一种耻辱。”这是一个已经脱贫农民在回忆自己过去生活的一种感悟，“那时，天一亮就到地里转转，回到家，打开锅盖就发愁，吃什么呢？到隔壁家转转，人家煮熟了就随便吃吃，下午在村口晒晒阳光，晚上就趴在邻居的门前，厚着脸皮，蹭着看人家的电视。日子就这么过着，什么也不想。只有看到别人家娶了媳妇，心里才会小小的震

从2008年开始，湖南省怀化市沅陵县官庄镇界亭驿村利用资源，探索茶旅融合发展路子，创造“资源合股、农民合作、社会合力、产村一体”产业扶贫模式。2019年贫困户分红9万元，惠及102户408名贫困人口，每户平均年增收882元，实现社会效益和经济效益双赢。

（刘卫红 摄）

动一下，可睡了一觉，第二天又不去想了。因为村里和我一样的人还有几十个。我们叫自己是‘穷光棍’。”

“难道就没有想过靠自己的努力去改变现状吗？”

“想过改变现状，他们都出去打工了。您说，这穷山恶水的，有赚钱的东西吗？竹笋，挖了一天，挣不到几块钱就交给汽车了（指路费）。这是春天，到了夏天、秋天和冬天，应该怎么办呢？”

“靠自己？我都是靠政府。我感谢共产党，感谢政府。不然，我就惨了。当然，我也不喜欢这样。但是很难找到出路，一天天就这么过着。没有多想，也想不出什么办法。”

“我看不到未来，看不到生活的希望。”这是一个出狱后的中年男子接受采访时说的话，“现在回想起来，我连做人的基本原则都没有，还连累了别人。”

“当时作案几个人？”

“3 个。”

“你的学历？”

“小学没有读完，谈不上‘学历’二字。”

中国社会经历了 40 多年的改革开放，贫富差距逐渐拉大，一个区域的贫穷也造成了社会矛盾的激化。

贫穷是否与罪恶有关系？是否会穷凶极恶？是否会引起人类道德的沦陷？这不是中国的问题，这是人类的问题。看不到生活的希望，有人就会改变生活的态度，就会失去人的善良和正义的信念，就会铤而走险，触碰人类的道德底线和法律底线。此外，贫富的差距也造成社会矛盾的激化。

在采访贫困户的过程中，有一个问题一直萦绕在我的脑海，值得深思：在贫困的日子里，他们最想得到的是什么？

每一个被访者回答的都是一句话：“呵呵，这还用问，不就是挣钱嘛！”的确，没有钱就代表着贫困。

“那么，你想用什么办法赚钱？”

“当然是要靠自己的劳动。”这是第一种表态。

“只要能赚到钱，什么办法都可以。”

“您可能会遇到法律问题……”

“是吗？这个没有想过。当然还是要靠自己的劳动。”

“我们不穷了，国家自然也就富裕了，不是很好吗？”

从这些贫困户的回答中，可以看出他们的人格是质朴的，他们的愿望也是单纯的，他们的奋斗目标也是唯一的，那就是走出贫困，走向富裕。

如何对待贫困问题，大多数专家建议，在确定生活水平的总体评估情况时，将社会指标包括进来。贫困的其他维度，如健康、寿命、读写能力等，在20世纪80年代被吸收到贫困的定义中。联合国开发计划署从人类发展的角度界定贫困问题，采用了几种测定方法，包括人类发展指数和人类贫困指数。人类贫困指数侧重于贫困的三个方面：寿命、读写能力和生活水平。寿命用40岁以前死亡人的百分比来测定，读写能力用具有读写能力的成人百分比来测定，而生活水平则用获得医疗服务的居民的百分比、获得安全饮用水居民的百分比以及5岁以下营养不良幼儿的百分比三个指标来测定。

中国的问题依然是农村问题。2016年，中共中央提出东西部扶贫协作的政策，进入了让全部绝对贫困人口走向富裕的新时代。许多有作为的年轻人，纷纷改变了自己的思想观念，选择回乡实现自己的理想。

黄文秀，一个硕士毕业生，没有留在城市，选择回乡。

杨英兰，放弃自己经营的公司回到村庄。

湖南省牙屯堡镇文坡村的粟田梅，放弃在镇上经营的小店，回到贫困的村庄……

福建省长汀县委数百次召开会议，针对贫困问题做出多项决定，采取各种举措，进行扶贫……

福建省福鼎市和福安市派出干部对村户逐一核实贫困户家庭情况。

在陕西省丹凤县，时任县委书记的郑晓燕多次到贫困户家里，思考着如何解决现实的贫困问题……

扶贫要扶志。扶贫干部看到的是环境与人、志向与帮扶、教育与贫困之间的关系，这是他们帮扶的目标。

这一切都在中国大地上发生着。下派挂职干部走进贫困地区在社会上引发了热烈的反响，中国开始用行动来实现自己的理想和信念。

第二章
一个国家的思考

从中国的实际国情出发，寻找摆脱贫困的办法，这就是中国共产党所具备的实事求是的优点。

从中国的实际国情出发，寻找摆脱贫困的办法，这就是中国共产党所具备的实事求是的优点。

一个以为人民服务为最高宗旨的政党——中国共产党，在经历过风雨后，依然奋勇向前，一边推进改革开放，一边关注民生。尤其关注贫困地区的生态环境和人文环境。从20世纪80年代中期开始，中国政府在全国范围内有计划、有组织、大规模地开展扶贫工作，并安排专项扶贫资金，制定专门的优惠政策，并对传统的救济式扶贫进行改革，确定了开发式扶贫的方针。1994—2000年，对扶贫开发做出了宏观规划和设计；2011年中国颁布《中国农村扶贫开发纲要（2011—2020年）》，这是中国农村扶贫开发的纲领性文件，对于进一步加快贫困地区的发展，促进共同富裕，实现全面建成小康社会的奋斗目标具有重要意义。

宁夏回族自治区在20世纪90年代就特别受到党中央的关注。1994年8月，中国人民政治协商会议全国委员会受中央的委派，组成 106 人的专家组来到宁夏，专门解决西海固地区老百姓的生活问题。以时任全国政协副主席钱正英为团长的委员们经过调研和考察，与宁夏回族自治区党委、政府共同做出决定，利用黄河两岸尚未开发的连片土地和黄河之水建设 200 万亩灌区，让山区不具备生产生活条件的 100 万人口迁往灌区，从根本上解决当时的贫困问题。

1996 年 9 月，党中央做出推进东西部对口协作的战略部署，其中确定福建对口帮扶宁夏回族自治区，共同推进宁夏扶贫工作。同年 11 月，闽宁对口扶贫协作第一次联席会议在福建召开，两省区共同商定：每年举行一次联席会议，总结、安排对口帮扶工作，协商解决有关问题；建立扶贫协作发展基金；从福建沿海 5 个地市中选出经济实力较强的 8 个县（区），对口帮扶宁夏 8 个贫困县（区）；委派挂职干部对口协作等一些具体措施。

1997 年 4 月，时任福建省委副书记的习近平率领福建党政代表团奔赴塞上，深入宁夏南部山区进行考察，参加闽宁对口扶贫协作的第二次联席会议。福建和宁夏双方决定共同建设生态移民点，以福建、宁夏两省区的简称命名，定为“闽宁村”。随后，习近平先后 3 次到达宁夏做了实地的调研和考察。对“闽宁村”的具体工作做出了科学的决策。

第一村的思考与探索

中国人不会在绝望中沉默，一直在寻找走向希望的路。他们都是行走在历史前沿的人。

1983 年，宁夏开始实施黄河引水工程和吊庄移民工程。目的是要改变宁夏西海固地区的缺水现象，改变贫困山区群众的生存问题。

20 世纪 80 年代，在中国的福建省宁德地区，时任福鼎县委宣传部新闻科长的王绍据是当年赤溪村穷困状况的见证者。1984 年，他到赤溪村采访报道，了解到当地的贫苦情况后，就写了一篇《穷山村希望实行特殊政策治穷致富》的报告，寄给中央领导，希望国家能给予政策扶持。同年 6 月 24 日，《人民日报》头版以读者来信的形式，刊发了王绍据的文章，并配发评论员文章。同年 9 月，中共中央、国务院颁发了《关于帮助贫困地区尽快改变面貌的通知》。赤溪村也因此成为“中国扶贫第一村”。1994 年 4 月 15 日，国务院发出关于印发《国家八七扶贫攻坚计划》的通知，全国规模的扶贫工作拉开大幕。

1996 年，联合国派来观察团考察中国宁夏王乐井乡曾记畔村的水质问题，经过专家认定，这里属于人口不宜居住的地方，其中提到饮用水不安全的问题。王乐井乡曾记畔村的村支部书记彻夜未眠，连夜和村委干部研究如何解决饮用水问题。经过研究，他们决定自力更生，开始打井。1996 年至 2010 年，该村一共打了 960 口井眼……

1997 年，宁夏西吉县农民谢兴昌在自己村里走访村民，他的话引起全村人的思考：“看来我们必须离开这里。”

“我们去哪里？”

“找个有水的地方。”

“这可是我们祖祖辈辈生活的地方呀！”

谢兴昌说：“我们就这样过日子吗？一直依靠国家，毕竟不是一件光彩的事啊。再说，我们也应该努力过上好日子，我们的子孙后代不能再像这样生活下去了。我们要走出去看看外面的世界……”“难道我们就这样等着？难道我们就应该这样穷下去？！”他的一番话彻底打动了大家的心。

这是一个农民的思考。

三天后，谢兴昌带领村里的12位老乡走出了贫瘠的山沟……

“中国扶贫第一村”的思考与实践，让我们看到了一个移民工程的产生。2015年11月27日，习近平总书记在中央扶贫开发工作会议上指出：“全面建成小康社会、实现第一个百年奋斗目标，农村贫困人口全部脱贫是一个标志性指标。对这个问题，我一直在思考，也一直在强调，就是因为心里还有些不托底。所以，我说小康不小康，关键看老乡，关键看贫困老乡能不能脱贫。全面建成小康社会，是我们对全国人民的庄严承诺，必须实现，而且必须全面实现，没有任何讨价还价的余地。”

习近平总书记在二〇二二年新年贺词中提到：“全面小康、摆脱贫困是我们党给人民的交代，也是对世界的贡献。”在习近平总书记的思想体系中，他认为：“贫穷不是社会主义。如果贫困地区长期贫困，面貌长期得不到改变，群众生活长期得不到明显提高，那就没有体现我国社会主义制度的优越性，那也不是社会主义。”他认为，扶贫开发要始终以消除贫困为首要任务，以改善民生为基本目的，以实现共同富裕为根本方向，坚定不移地推进我国扶贫开发事业，从而充分体现我国社会主义制度的优越性。扶贫是世界性难题，特别是对于发展中国家来说，更是有着诸多条件的限制。我国是社会主义国家，消除贫困，改善民生，实现共同富裕，是中国共产党和中国政府的重要使命。

一个群体的思考

1995 年 5 月，根据中央第三次西藏工作会议的决定，全国 14 个省市选派的干部以及中央机关、国务院各部委选派的干部前往西藏工作，开始执行对口援助的任务。

北京、江苏对口拉萨；浙江、吉林对口那曲；福建、广东对口林芝……

1996 年 6 月，全国发达省份选派干部进入新疆工作。

1997 年，福建省对口帮扶宁夏的干部走进了宁夏西海固地区，开始了他们的历史使命。

中国 960 多万平方公里的广袤土地上，一场改变历史的事业如火如荼地开展起来了。

1996 年 5 月，福建援藏干部叶康勇、李振泰、吴聪先、黄文希等，在福建省福州市委的批准下开始带领米林县干部建设移民新村。

1999 年 4 月，厦门派往宁夏帮扶干部陈炳良开始为期两个多月的调研。当时他喝了当地的水后，身体出现强烈的不适，在调研的路途中就不停地拉肚子。这种刻骨铭心的经历告诉他：“一定要改变这个村庄！要找到一条可以真正的扶贫道路，让当地老百姓健康地生活着。”

1999 年，山西左权县芹泉镇小南庄村的村支部书记邓雁春看到邻乡的核桃在市场上供不应求，就开始发动当地的农民尝试种植。邓雁春的决定来自这样的一个信念：“不能这样穷下去！要让老百姓富起来！”

2003 年，福建广播电视大学的郝鸣老师把学生们叫到家里，她拿出报纸，报纸上刊登了一篇有关云南省一些失学女童情况的调研报道。他对学生说：“大家看看，我们能不能伸出援手，哪怕让一个孩子去读书。”他教的学生中有个名叫许赞霖的同学刚好被调到云南税务部门工作。许赞霖承诺郝鸣老师，一定会代表他前往那个贫穷的乡。许赞霖找到当地妇联，找到这些孩子。后来，郝鸣老师带领他的帮扶工作小组，从这群孩子里挑选了两个女孩来到福建，在她的精心安排下就学。

2009 年，中国粮油集团派了葡萄酒专家马永明前往宁夏勘察葡萄种植的情况。临行时，集团的领导告诉马永明：“用科学的方法来做好宁夏的扶贫工作，研究出宁夏葡萄酒的种植和酿造方式，要做出世界级品质的葡萄酒。”

2010 年中国远洋海运集团走进湖南借母溪村，开始为期 9 年的帮扶工程。他们要让这些居住在深山里的青年人走出去，让他们实现自己的理想，经受生活的考验。

全世界都在看着中国。在习近平总书记向世界宣布中国人民要摘掉极端贫困的帽子时，世界的舆论此起彼伏。这是人类几千年的问题，这个世界性的难题能在约占世界人口总数五分之一的中国得到解决吗？中国尚有数千万的贫困人口……

真实的对话

宁夏红寺堡的乡镇干部徐军面对国家的移民吊庄工程时说：“移民可以解决宁夏的贫困问题，但长久的、根本的问题需要我们去深入探索和具体实践，要改变贫困山区的思想与观念，这才是解决贫困问题的根本所在。”

就在作为乡镇干部的徐军想尽一切办法解决当地百姓生活困难的问题时，周围却有人讽刺他：“您只要让老天下几场雨，让我地里的麦子多收 10 斤，我就给您磕头。”

“您能给我找个老婆。我就给您跪下。”

“您能让山上生长小草，我认您做我的祖宗！”

“我可以跟您姓徐。”

徐军对此只是微笑，但内心却有一种难言的苦衷，“这些农民祖祖辈辈都在这样的环境里生活，他们相信事实，我们只能让事实说话。”

浙江省派驻新疆阿克苏的指挥长杨国正说：“贫困问题的解决，对阿克苏而言，除了目前的脱贫攻坚任务外，更应该考虑长远长效的项目，使之从根源上摆脱贫困。”

新疆阿克苏的村民阿萨尔汗说：“我们正在观察这些扶贫干部怎么做，能够让我们的孩子进好的学校，能帮助我们赚钱……”

“我们生活在这里几代人了，想了好久了，都没有想出好办法，到底怎么做才能赚到钱呢？”

深圳对口帮扶广西壮族自治区德保县的龙国政说：“一个党员，应该做负责任的事，扶贫不是简单地给项目，而是从实际工作中找到符合当地情况的、给予发展动力的项目。”

这是真实的对话。这是贫困户与扶贫责任人的对话。

思考与探索

1997 年，湖南省十八洞村的村民龙士德和妻子吴金莲想到城里人需要猪肉、牛肉和羊肉，于是就开始养猪、牛、羊……这对勤劳的夫妻带着 5 个女儿开始探索适合自己的致富之路。他们的女儿小小年纪就深知父母的艰难，每天一早 6 点就起床，赶着羊群上山，一个多小时后回到家，才能吃上早饭去上学……

雷金玉，福建福鼎人，一个畲族的村干部。她说：“一个人富裕不等于富裕，要大家富裕了才是真正的富裕。”她一直在追求自己的理想，想尽一切办法带领村民一起致富。

湖南省沅陵县鹤城区黄岩村的杨英兰在城郊结合部做起了苗圃生意。他在做回村的准备，他说：“我准备回村里做点事。”他希望妻子能够同意。

徐军，宁夏出生，喝的是黄河的水，吃的是黄土地上长出的麦子，说的是地道的宁夏话。在乡镇工作时，他说："我看着身边贫困的老百姓，每天都很难过。每天都在想着我们应该怎么做，才能救救他们？国家有政策，乡镇的情况又是具体的……"

一位在云南贫困地区扶贫的干部历经了4年的时间，得出了一个成功的经验："用一个符合当地实际的项目带动一个地方致富。"

思考和探索是中国人民一贯坚持的优良习惯，改革开放的成功历史已经证明，中国特色社会主义道路适合中国的发展。而这条道路在以习近平同志为核心的党中央领导下，越走越宽，成就令世人瞩目。扶贫攻坚，全面改变中国的农村面貌，一个伟大的目标在不断实现着……

在扶贫攻坚的历程中，一个个科学的布局令人震惊：宁夏借助引黄工程，进行葡萄种植，发展葡萄酒产业，将葡萄种植和葡萄酒的生产、枸杞的种植深加工结合贺兰山、西夏王陵、沙漠等旅游项目共同开发，同时推进绿化，减少沙化面积。让大量的劳动力从贫困山区到这些产业领域进行劳作，实现他们的价值，帮助他们脱贫。

在福建省宁德市，以核电厂、电器、水产、造船等产业带动其他加工业，并结合当地的旅游资源，开发民俗旅游，解决农村脱贫的问题。通过引进投资项目，解决农村贫困问题是各地政府的英明决策。这样，不仅解决了农村贫困问题，还对未来的发展奠定了较高的起点，并且能够通过完成这些项目来实现脱贫。

于是，在中国，以党和国家的名义掀起了与贫困斗争的一项伟大工程，这项工程向全世界展示了中国共产党的力量，中国人民的力量。

一个国家的承诺

中国以国家的名义向贫困的老百姓庄严承诺：2020 年要坚决打赢脱贫攻坚战。一个清醒的民族，对自己的文化非常认同，他们懂得现实与理想的关系。我们可以对现实的中国农村做简略的分析，中国农村存在以下几个常见的社会现象：

其一，贫困山区农民外出打工的队伍最为强大。这支队伍主要分布在中国经济最发达的城市和沿海一带。他们主要从事城市建设和企业的操作性工作，以及服务业。他们是支撑改革开放 40 多年的劳动力市场。他们中间有一部分人经历了这段打工的磨炼，找到了自己发展的方向，开始学会创业，从小老板做起，逐渐融入城市的生活。他们最大的特征是，当自己富裕后能够将家乡的贫困乡亲们带出山区。

2014 年，在深圳南山区。一个操着四川口音，年龄约 45 岁的一位男人在训斥一个近 30 岁的男人："你要适应这里，知道吗？我问你，这里好还是家里好？你是我小舅子，所以我才把你带过来。如果是别人，我才不管呢。你先表态，做个决定吧，我好跟你姐说。"

这个被叫作小舅子的人非常犹豫，半天才回答："当然适应这里，可这儿太忙了。"

男人围着小舅子转了一圈，突然停下脚步，盯着小舅子说："如果这样的话，你还是回老家去吧。"

小舅子终于说话了："姐夫，我能不能把我老婆也喊来。"

站在一旁的姐夫说："嗨，你不早说，我误会你了！去，把她叫来，大家一起干，人多力量大，大家一起赚钱……"

这是中国人的传统，一人富全家富，甚至带动全村的人、全族的人富裕起来。

其二，目前，一个个没有壮年劳动力的村庄出现在中国的广大农村。40 多年的改革开放，中国的农村成为最寂寞的地方。湖南借母溪镇的张千红和他妻子彭英波都在外地打工。一个在深圳当模具工，一个在电子车间任操作工。孩子就留在家里，由父母照顾，也就是人们常说的"留守儿童"。这些孩子给寂寞的乡村带来生机，但"留守儿童"的心理问题成了社会关注的热点。孩子祈盼外出打工的父母回家，但回家后的路该怎么走？随之而来的"留守儿童"的成长问题已成为中国社会必须解决的重要问题。

一个志愿者回忆起她在山村任教的经历时深有感触地说："我非常同情这些孩子，他们很孤独。于是我就把他们中没有爷爷奶奶陪伴的孩子接到学校来住，一是可以照顾他们的生活，二是可以辅导他们学习，三是可以更加深入地了解他们的心灵世界。我给他们讲故事，教他们唱歌。夜深人静的时候，我悄悄地去看他们是否盖好了被子，但走到他们住的屋子前，经常会听到压抑的哭声，那是他们在思念远方的爸妈。对此，我也悄悄流泪了……"

近几年，中国政府制定了一系列关心“留守儿童”的政策，派出许多部门来解决留守儿童的问题。社会各界对此也积极响应，乡村和城市的关系开始重新建立。

第一代的“留守儿童”已经长大了，他们有的考上了大学、中等专科院校，有的延续父母的打工之路……在采访中，他们都不愿意回忆那段留守的日子。他们的父母老了，大部分都要回到自己的家乡，为第三代的“留守儿童”服务。第一代外出打工的群体里，有的已经融入了城市，有的又回到自己的家乡，有的被村里推选为村干部，当然这种人为极少数。下党村的村委会主任就是当年外出打工时开阔了眼界，他的为人和热心受到村民们的认可和称赞，后来被邀请回村，当选为村委会主任。

经过市场经济考验的中国农民，在传统意识形态中已经找不到自己的出路，他们知道没有经济支撑就没有发展可言。他们选择村干部的对象一定是具备无私奉献的品格、有市场经济观念，并且有闯世界经历的人。

其三，目前，农村土地空置现象严重，一些耕地近乎荒废。农民仅仅是为了自己生活的需要种些蔬菜和粮食。而这些种植户基本上是留守的老人和孩子。

中国共产党第一代领导人毛泽东主席曾经就中国问题做出了科学的判断，他把中国的革命建立在“农村包围城市”的基础上，他用马克思列宁主义的共产主义学说，根据中国国情，成功地解决了中国问题，建立了中华人民共和国。时间走到 21 世纪，农村的问题依然是中国最主要的问题。

目前，中国贫困地区的农民已经自觉、不自觉地离开土地，进入新时代。他们放弃早先追求的土地是因为他们感到，土地所产生的价值已经不能满足现在的生活需求了。

“种地买不起房子和车子。”这是一位来自甘肃山区贫困家庭的大学生的感悟，“大学毕业回家就又陷入贫困中，父母花了那么多的钱让我读完四年大学，回家种地不是不行，而是种地养活不了我自己啊。我只能到深圳去打工……”

“那你家的地谁来种？”

“租给别人了。”

“那么偏僻的地方有人租吗？”

“当然有。他们种些蔬菜，拿到乡里卖，这样可以维持他们日常生活的部分费用。我们出租的土地费，也能解决我爷爷的一些日常费用……”

当年力争土地承包的农民面对社会前进的步伐，对自己与土地的关系做出了新的选择。

一个世代为农的人，能够放弃土地意味着土地与生存的关系已经不重要了，因为离开土地可以生活得更好。

40 多年前，奔赴中国各地的四川人，经历了一段惊天动地的历程。他们大都来自四川偏远山区，现在分布在中国的各大城市。据不完全统计，他们中处于中产阶层的约占 8%，能够保证基本生活水平的占 98.6%。他们为那个时代的社会发展做出了巨大的贡献。

时间给中国人再次思考与选择的空间。有人回到农村，有人离开农村。因为农村和市场开始在更高的层面上逐步融合。这个过程中，农村的贫困在逐渐消亡。

宁夏西吉的谢兴昌、海国宝，湖南十八洞村的龙士德和吴金莲，基层干部徐军、王强等，这些平凡的中国人和中国共产党党员都在做出他们的选择，他们都在为摆脱中国的贫困寻求出路。新时代，为他们提供了机会。这就是中国特色社会主义制度优越的地方。

关于贫困，习近平总书记于2014年1月26日至28日在内蒙古调研考察时曾提出："只要还有一家一户乃至一个人没有解决基本生活问题，我们就不能安之若素；只要群众对幸福生活的憧憬还没有变成现实，我们就要毫不懈怠团结带领群众一起奋斗。"

于是，人们看到：每个共产党员都承担起他们的历史责任，每个社会机构都履行他们应尽的义务。在每家贫困户的大门上都有个牌子。牌子上写着责任人 ×××，以及这个责任人的联系电话。一切都做到公开透明，让群众监督，让群众相信。从中央到地方，乃至各级党政机关都要担负起贫困县、贫困乡、贫困村以及贫困户的帮扶工作。

中国各省、市、县党政机关的政府部门，分别派出优秀的干部走进乡村。许多党员干部主动加入这支扶贫队伍。

龙英芹，20世纪70年代末生于湖南十八洞村飞虫寨，大学毕业后考入县团委工作，中国共产党党员。在扶贫工作中，她的扶贫对象是双龙镇排料村的龙九金、石二松村民，还有龙孔村的张祖振村民……

山西左权县的张晶走进石匣乡长城村，她和同事要共同解决这个村 20 多户群众的贫困问题。

企业家马纯强走进湘西，寻找扶贫之路。他的目光落在文化旅游方面，并从中寻找商机。著名慈善家曹德旺拿出 4 亿元人民币建立扶贫基金。山西左权县企业家郝作亮满怀理想，带着贫困的群众向荒山要“钱”，经过艰苦的奋斗和努力，他带领群众，改变了当地村民的生活。

徐军担任县委书记十多年的时间里，面对种种困难，顶住压力置身于搬迁到红寺堡的数万老百姓的安置工作中，为此，他付出了一生中最好的年华。

福建省曾是习近平总书记当年工作过的地方，之前贫困户聚集的福建福安、福鼎、寿宁如今已经迈入了转型式发展阶段。宁德的扶贫模式已被社会学家和经济学家列入社会管理学的研究范畴。

党的十八以来，习近平总书记先后 7 次主持召开中央扶贫工作座谈会，50 多次调研扶贫工作，走遍 14 个集中连片特困地区，坚持看真贫，坚持了解真扶贫、扶真贫、脱真贫的实际情况，面对面同贫困群众聊家常、算细账，亲身感受脱贫攻坚带来的巨大变化。在脱贫攻坚工作中，数百万扶贫干部倾力奉献、苦干实干，同贫困群众想在一起、过在一起、干在一起，将最美的年华无私奉献给了脱贫事业。

第三章

一个理论性政策与科学实践

中国共产党是一个一心为民的政党。面对贫困，中国共产党想尽一切办法解决贫困问题，推进社会文明的发展。在人民心中最需要的是公开、公平和公正，中国共产党最关心的是让贫穷的老百姓得到福祉。

人类历史证明，从实践中得出的经验是科学理论的基础。一个科学的治国理论必须通过科学的实践来证明其价值与意义。中国有自己的历史文化和发展规律。

2021 年 2 月 25 日，习近平总书记在全国脱贫攻坚总结表彰大会上提出："摆脱贫困，成了中国人民孜孜以求的梦想，也是实现中华民族伟大复兴中国梦的重要内容"。中国共产党是一个一心为民的政党。面对贫困，中国共产党想尽一切办法解决贫困问题，推进社会文明的发展。在人民心中最需要的是公开、公平和公正，中国共产党最关心的是让贫穷的老百姓得到福祉。

习近平总书记一再强调："不忘初心、牢记使命。"他在 2015 年 11 月 27 日召开的中央扶贫开发工作会议上提出：全党同志务必把思想和行动统一到党中央决策部署上来、统一到实现"两个确保"（确保农村贫困人口实现脱贫，确保贫困县全部脱贫摘帽）的目标上来，决不能落下一个贫困地区、一个贫困群众。

建立在崇高信仰上的扶贫工作是中国共产党执政的伟大实践之

一。根据党中央的要求，国家成立了国务院扶贫开发领导小组办公室（简称国家扶贫办），指导全国全面系统的扶贫与开发工作。

随之，国家扶贫办根据中国国情出台了宏观和微观相结合的科学性政策，其核心就是科学准确地完成扶贫任务。要做到：“两不愁三保障”。“两不愁”即不愁吃、不愁穿；“三保障”即义务教育、基本医疗和住房安全有保障。各省根据各地的实情也发布了相关的政策。每个村的挂职干部都朝着脱贫的方向做出符合本村实际情况的发展规划。为了保证政策精准落实，还设立了督察机构，监督和落实实施过程中是否按照政策执行，是否做到了“一个不能落下”，在实施的过程中是否坚持公开、公平、公正。

时间像一个负重的行者，每一分钟都在讲述着一个故事。

一个也不能落下

2000 年的深秋，地里的农作物已经收割。在广西百色地区，一位深圳帮扶干部和一个村委会干部在聊天。

这位扶贫干部搭着村主任的肩说：“村里每一个贫困户都弄清楚了吗？我还要一个个核对的。”

村主任点头说：“在向你们汇报之前，我们村委会又核实了一遍，乡镇干部和市里的干部也去核实了”。

于是，在太阳落山时，这位扶贫干部和村干部一起挨家挨户地走访。当他们走完所有村民的家时，夜色已笼罩了村庄。他们的目标是：一个也不能落下。

2012年年底，党的十八大召开后不久，党中央就突出强调，“小康不小康，关键看老乡，关键在贫困的老乡能不能脱贫”，承诺“决不能落下一个贫困地区、一个贫困群众”，拉开了新时代脱贫攻坚的序幕。

各省级领导在每次扶贫办公会议上都会询问有关部门和各县级领导：有落下的吗？如果落下一个，那你们就从自己的位子上“落下”！

县级领导走到乡镇直接进入他们自己挂点的贫困村，挨家询问村民的生活现状。如果落下一个贫困户，他们就无颜见江东父老。

一个县委书记在3个月的时间内，曾经25次来到他负责的村庄。一年后，这个贫困村“脱帽”了。在他的记忆里，第一次是乘着夜色进村的，因为他要趁着群众在家的时候进行家访，而一路走来，惊动了看家守院的狗。3个月后，当他再去进行家访时，这个村庄里的狗不再闻声而叫了。他对村民说：“你们不脱贫，我就辞职！我是个务实的基层干部。因为我了解民情……这应该是我们这些基层干部的一次实践，也是对我们的考验。”

2013年初夏的一天，在宁夏回族自治区的曾记畔村，村支书朱玉国正在召开村委会干部会议。会议的议题是：“扶贫要做到精准，哪家是没有收入的，哪家有收入但收入不够生活的，村委会干部心里一定要明白。根据我们这个地方的生活标准，每个组，多少户，多少人，年收入少于5000元的家庭就是贫困户，我们要仔细查核，一个也不能落下！”朱玉国身材偏矮小，按他自己话说：“从小吃了很多苦，主要是没粮食吃，所以没长高。”

在那天的扶贫工作会议上，村委会外面那个小小的广场上站满了村民。大家开始议论：“要做到公平才行。”

“穷日子到头了吗？”

一位大妈纳着鞋底皱着眉头说：“穷不是一件光彩的事。但这事憋在心里很难受……”

“看看他们怎么定吧，他们总是要跟我们商量的。”

太阳刚刚挂在屋顶。屋里开会的人就到齐了。“啊，这么早就来这么多人啊，会议讲些什么事呀？”

“确定谁是贫困户。”

这是一个复杂的名词：贫困户。在政府出台的政策中，也称之为：建档立户。只要符合国家制定的大政策的原则和标准，就是贫困户。只要是贫困户就一个也不能落下。

贫困户，国家没有具体的标准，因为各省的情况不一样。必须根据各省的情况进行分别对待。但有一条原则就是必须低于本地区的最低生活标准。一旦被列入贫困户就可以享受一定的待遇，比如国家的补助，政策的扶持等。

按照宁夏的标准，朱玉国自身就是贫困户，这让他感到十分尴尬。他在会上没有就自己的问题提到议程上来。大家都知道，曾记畔村一直处于贫困状态，1996 年，宁夏回族自治区政府采取了一些办法，解决了一部分人的困难。几年时间打了 960 口井眼，但这里打的井很快就没有水了。村民用水要走到二三公里外，用牛车拉水，一家人每天只有一盆水。

参加会议的人员不仅是村委的干部，还有乡镇派来的工作队，县里和市里的工作人员。显然，审定一个贫困户是一件非常严肃的事情。朱玉国和县市的领导考虑的是两个问题：第一，不能因评审贫困户造成村民之间的矛盾；第二，贫困现象是动态的，还应该检测贫困户和非贫困户的转化问题。

在会议之前，朱玉国已经和县市的工作队一起走访了全村的每家每户，大致的情况大家心里都明白些。现在是按照要求，认为自己是贫困户的村民，自己先写申请。在申请书中，必须写明家庭的经济状况。要求必须如实填写，村委会给予信誉评分，作为日后项目申请的参考依据。

第二天一早，村委会的公示栏前就围满了人。风夹带着尘沙狂虐着村庄，村庄外的荒沙地几乎要把天遮住。但村民们冒着风沙，依然在公示栏前评头论足。

“我可以提意见吗？”说话的人看着大家。

“任何人都可以提。”声音从破旧的窗户里传出来，回答者是县工作队的队长。

“这两家人，按照他们填写的收入，相差不大，少的就是贫困户，标准超了一点就不是贫困户？这怎么解释呢？”

“这是政策制定的标准。凡事都有一个标准，没有这个标准，怎么能行呢？您看明白了啊！”

“哦，明白。”

闽宁镇虽然走出了贫困第一阶段，甚至成为一个历史的见证，但闽宁镇依然迈着坚定的步伐继续前行。福建对口宁夏的干部依然在帮扶的第一线。当我采访他们时，他们说："我是一名共产党员，我的职责是用党性和人性来解决问题。"这些扶贫干部在了解当地的情况时，他们做到了亲自走进每一户贫困农户的家庭，了解最真实的情况。

2016年，在西藏，福建援藏干部姚伟和西藏左贡县的贫困户进行了第四次交流，尽管他的藏语不是非常熟练，但简单、慢节奏的交流还是可以让村主任扎巴明白他表达的意思，"要公开、公平、公正。所有的决定都要让全村的老百姓知道，有意见是正常的，但要做到让绝大多数的老百姓没意见。"

扎巴理解姚伟的话，他在姚伟带来的工作队面前举行了村民大会。在会上，扎巴让大家报上自家的牛羊数量。至于住房情况他就不提了。因为这个问题，姚伟已经用援藏经费给予了解决。

高原的阳光把村上的小广场晒得滚烫，村民们一个个如实上报出自己家的牛羊数量。其他等待的村民，有的干脆站在一旁观看，有的在私下交流……

扎巴认真听着大家报完自家的牛羊数量，扫视四周，看看周围没有人提出异议，最后会议一致认定，全村有4户定为贫困户。接着扎巴宣布："从今天的情况看，我们村的贫困户不多，我宣布一下名字：大扎西、小扎西，还有罗布顿珠……对此，我们还要进一步审核，名单会在村委会的公示墙上公示，大家可以监督，这里有举报电话和单位地址，你们可以随时提出意见。大家听明白了吗？"

“明白啦。”

扎巴强调道：“按照习近平总书记的要求，要精准，一个也不能落下。”

这是科学的、民主的审定。每一个村民都有质疑权。而且还要经过工商部门的再次审定，即被村里定为贫困户的家庭是否有在外经商的行为，如果有就被取消，列入不诚信的范畴。第二次公示贫困户的名单里附上工商部门的审定。一旦确定为贫困户，各级机关干部和挂村干部、党员就必须定点、定人进行帮扶。

在西藏林芝市，福建、广东两省的干部自1995年起开始对口援助这个地区，每个干部直接帮扶贫困学生。仅福建领队邓保南就接受了10个藏族学生，而且一直帮扶到他们大学毕业。虽然他们援藏时间只有3年，但他们与当地的村民结下了深厚的感情，这段经历，让他们终生难忘。他们的故事也在高原上永久流传。

福建援藏干部刘春荣从昌都市区出发，走遍了昌都所有的县以及大部分的乡镇，还有村庄。他思考着，如何让全县的贫困户知道自己所需要的是什么，知道自己应该解决什么，以及自己可以选择什么样的发展途径，同时又能公开所有的扶贫项目与资金。他为昌都扶贫资金建立了一个网站。这个网站链接着昌都市所有的乡镇与村庄，有关扶贫的政策和资金的分配、使用全部展示在网站上。

对于当地牧区的牧民们来说，这是难以想象的事。牧民们随时都能看到信息，看到摆脱贫困可以借鉴的发展方法。

在新疆阿克苏市依干其乡依尔玛村四组毛拉麦提家的大门口，

就张贴着浙江省援助贫困户网站的网址。还张贴着浙江省援疆干部“亲戚”的牌子：杨国正。

杨国正曾对毛拉麦提说：“我们不会丢下一个贫困户。只要是贫困家庭，我们一定让他过上幸福的日子。”

在木沙毛拉吐尔迪的家门口贴着浙江干部“亲戚”的名字：徐真。在艾克帕尔阿合尼亚孜家门口挂着浙江干部“亲戚”的名字：孔一。

一个也不能落下，让政府走进群众，和人民心贴心。增强了人民群众对党和政府的信任。尤其在扶贫的过程中，他们的感情加深了。

责任与担当

出生在湖南省十八洞村的龙英芹毕业后考入县团委工作，她把扶贫工作作为自己的重要工作内容，一共对接了 5 户贫困家庭。每到周末，龙英芹就驾驶着自己的车，带着礼物，到贫困户家里探望，看看他们还需要什么。

退休教师陈立群来到偏远的山区教学，面对 100 个贫困生，开始履行他支助的心愿……

军旅生涯数十年的旅长林上斗，回到家乡福建省尤溪县梅仙镇担任村支部书记，他说：“这个村子的人们生活很苦，整个村子环境既乱又脏，我要改变家乡的面貌……”

中国工程院院士、云南农业大学名誉校长朱有勇深入贫困村实地考察，带领学生撰写科技扶贫的论文；黄志强延迟婚礼走进广西德保县陇正村开始他的帮扶工作；张小娟，这个漂亮的藏族姑娘放弃北京的工作，执意回到甘肃省甘南县深度贫困地区主节镇担任驻村干部；云南武定县李兴富主动申请下村挂职；硕士毕业的黄文秀带着理想和信念，放弃大城市的工作机会，主动请缨到贫困村任第一书记，把生命奉献给了脱贫攻坚事业，被追授为“全国脱贫攻坚楷模”荣誉称号和“全国优秀共产党员”“时代楷模”等称号……

据不完全统计，近年来，从国家机关到省、市、县派往贫困山区的干部约为20万人，其中不包括国家企业派去的各种人才以及民间自发的帮扶团队与个人。

近年来山西左权县开始寻求从根源上消灭贫困的道路。

湖南沅陵县官庄镇提出：自己干，政府帮，脱贫致富奔小康。按照湖南人的性格，根据现实情况，走湖南脱贫的路。

2015年，深圳企业家章乃云和清华大学研究生院教授一起研究富硒对扶贫的作用；深圳至高同心技术发展有限公司配合国家战略，提出创建精准扶贫大数据平台；有人提出市场化扶贫方案；有人建议科技扶贫；有人倡导教育扶贫；还有人提议要文化扶贫，从而解放人们的思想观念……

来自宁夏西部的5万多名村民先后三年迁移到宁夏闽宁镇，尽管地里的收获已经远比老家的收成多两倍以上，但他们并不满足于田地里的收获，开始挑战传统模式，选择自己的发展空间，思考政府的政策如何运用，如何选择适合自己并且有发展潜能的项目来发家致富。

闽宁镇的实践

随着时间的推移，宁夏闽宁镇老百姓的日子越过越好。闽宁两省的交往也在不断推进，以谢兴昌、万国宝、海国宝等为代表的农民敢于走出大山深处的人越来越多，被打开的视野让他们的生活得到了彻底改变。福建对口帮扶的干部和地方政府的领导对闽宁镇人口的增长与经济现状做了深刻分析：如何做出特色的产业，如何将宁夏自身具备的特色做得更好，如何杜绝返贫。宁夏种植了大量的枸杞，枸杞给当地农民带来了很大的收益。那么除了枸杞，宁夏还有别的选择吗？福建和宁夏的农业专家开始对闽宁镇的地理、气候

宁闽合发双孢菇工厂化种植示范基地（钟培源 摄）

做细致的考察。最后，他们决定种植葡萄，发展葡萄酒产业成为闽宁镇人摆脱贫困的探寻方向。

此时，中国粮油集团的领导带着几个人进入宁夏考察。这些人都是拥有国际证书的葡萄酒专家。他们在宁夏遇到了很多难题，大多数群众表示不支持，他们以观望的态度看着这些专家，有的甚至对此很疑惑:“我们现在的日子已经很好了，为什么要种葡萄啊？”

不久，这里的群众看到戈壁滩上出现了临时搭建的屋子，经打听，这是中粮集团垦荒的技术员住的，他们说:“这些人就是爱瞎想，草都不长的地方还能长出葡萄吗？”

宁夏在世界版图上与世界著名的葡萄种植地区在同一个纬度上，其气候也非常相似，可以说气候还优于法国。那么，土壤和水是否相似？哪些品种的葡萄适合于宁夏，适合于闽宁镇？闽宁镇位于贺兰山东麓，在世界葡萄酒地图上，中国的宁夏、山东、河北均被列入其中，说明宁夏可以成为葡萄酒生产地。那么葡萄酒生产基地与扶贫是什么关系？中粮集团的领导们算了一笔账。使用智能化的管理，100亩葡萄园需要10个劳动力，1000亩的葡萄园就需要100个劳动力。葡萄酒的制作需要50个劳动力从事简单的劳动，生产旺季时需要300个劳动力。那么闽宁镇的闲余人员就有了一笔额外的收入。

平时善于学习和钻研的徐军，和他的团队完成了宁夏红寺堡的安置工作，为红寺堡发展做好规划后，他离开红寺堡，来到中粮集团挂职，这是他第二次担任扶贫的重任。在短短的时间里，他取得了国际级的品酒师证书。在红寺堡任书记时，徐军就开始关注葡萄

今天的闽宁镇（钟培源 摄）

的种植，关注一些民营企业在红寺堡酿造葡萄酒的案例。他对葡萄种植的过程非常熟悉，专门研究了全世界葡萄酒分布的情况以及品种，对葡萄酒的有关情况也了如指掌。刹那间，中粮集团的举措迅速在贺兰山下展开，宏大的规模令宁夏人震惊。

马永明是出现在戈壁滩上的第一人。他在这片荒无人烟的地方工作生活了一年多，一年后，贺兰山东麓露出一片翠绿，蓬勃生长的植物萌发出希望和生机，这片翠绿，也使观望中的宁夏人开始重新审视自己的观念。一些农民在心里默默说道："我们错了，错在过去的苦日子留下的印迹太深，所以看不到更远的地方。”

宁夏回族自治区党委政府一直关注葡萄的种植，他们计划把葡萄酒作为宁夏的产业，把葡萄酒基地列入规划。那些民营酒业和葡萄种植户看到了希望，但也遇到很大的压力。

“我们要提高种植的技术水平，才能更好地和市场接轨。”这是一个农民说的话，“我们需要有人指导种植，需要具备更多的知识才能在市场上站稳脚跟……”

一个从吃不饱饭的农民到自己种植葡萄成为专业户，并且还学会思考葡萄在市场上的走向。时间和政策在改变一个人，在改变一群人。

宁夏的葡萄种植走过一段曲折的路程，唤醒了一群人，同时也吸引了一群人加入。在闽宁两省的协作项目里，葡萄酒的生产是一个很重要的项目。如今，在宁夏贺兰山下的闽宁镇出现了葡萄酒一条街，发展势头很壮观。福建厦门的建发集团有限公司发挥了他们的优势，承接了闽宁镇的葡萄酒销售。现在的闽宁镇发生了翻天覆地的变化。

走出困境

扶贫是一项工程，而且是一个系统工程。这项工程在实施的过程中，经历了许多困境。

2014 年初春，一个扶贫干部来到福建周宁贫困户老蒋家。这是他第一次接触帮扶对象。这户家庭情况让这位干部惊讶，他说：“这个贫困户的家，用四个字形容不为过，‘家徒四壁’。当我说明来意时，他没有一丝的感动，只是冷漠地对我说‘不用吧，我习惯了这样过’，我当时非常尴尬。但转念一想，贫困户这样的日子过了几十年了，已经习惯了，需要我们做细致的工作来唤醒他自身的能力……我没有继续往下说，后来，就想了一个办法，把他和另一个贫困户放在一起，让他们相互影响，相互帮助，我们工作队在背后默默地支持他们。”

这位扶贫干部带着另一个姓凌的贫困户到县城的圩场（集市）去，看茶籽油是怎么制作的，以及茶籽油的市场价格。当然，路费是扶贫干部支付的。扶贫干部带他来的目的是想让他看到自己潜在的能量，通过自己的劳动，早日摆脱贫困。

在种植茶籽树的决策发布之前，工作队做了细致的调查，请了农科院的专家来确认，贫困户所在地适合种植茶籽树。在茶油加工厂，这位姓凌的贫困户终于明白扶贫干部的良苦用心，他开始主动询问制作茶籽油的师傅，茶籽油的出厂价和市场价。同时按照老凌的要求，扶贫干部给他的孩子买了一套衣服，还买了一双鞋子。就在此时，偶遇到另一位干部给另外一个贫困户的孩子买鞋子，那孩子一脸的羞愧，低着头对为他买鞋子的人说：“叔叔，我不要，我要自己赚钱自己买。”说完跑出鞋店。这一幕让老凌沉默了，他从帮扶干部手里接过儿子的新鞋，低着头离开了。那个拒绝买鞋子的孩子的举动，令他一瞬间突然醒悟了。

在回来的路上，老凌问身边的扶贫干部：“领导同志，一棵茶籽树多少钱？”

干部回答他：“看苗大小，价格不同。怎么啦？”

“我想试试，政策上说可以借款，我可以贷款吗？”

这位干部告诉老凌：“这样吧，我们先给你买上 30 株苗，预计明年就可以有收成，你看看，30 株可以卖多少茶籽……”

面对缺乏市场意识，长期依靠政府补助或者拿救济金、吃救济粮的群体，如果他们没有身体疾病与残缺问题，自身具备一定的劳动能力，帮扶干部都用情感和他们交流，用国家的扶贫政策引导他们自力更生。然而，这需要付出大量的时间和精力。这些群体自身也面临着挑战，他们要从帮扶的思想观念中走出来。实际上，在给老凌买茶籽树的时候，扶贫干部也做好了失败的心理准备。扶贫干部为此付出了很多精力，他每天到老凌家，带着他去茶籽树园，并聘请农业技术员手把手教老凌种植。在这个过程中，贫困户老蒋也在一旁悄悄地观察着老凌的茶籽树园。

帮扶干部经常苦口婆心地对老蒋和老凌说：“如果全村的困难家庭都解决了，剩下你们两个人，你的孩子会怎么看待你们做父亲的，你们的妻子会怎么看待你们做丈夫的呢？”

时间在推移，茶籽树在当年的秋天就挂果了。这位干部和老凌一起把果子背到县城，送到工厂。这一路，老凌还不相信自己的劳动会有收获。到了工厂，当老凌拿到他这几十年来，第一次赚到的钱时，他流泪了，紧紧抓住帮扶干部的手说：“你是对的，你是个大好人。”帮扶干部微笑着说：“不要客气哈，这是我的工作。”

“你可以做我的朋友吗？”老凌期盼着扶贫干部的答复。

帮扶干部微笑着，点头回答道：“我们本来就是朋友，而且是好朋友，像亲人一样的朋友……”

老凌的问题解决了，老蒋的问题也随之解决。这个村子里很多问题都解决了。第三年，这位帮扶干部要回省城工作，老凌和老蒋手里拎着一大桶茶籽油为他送行，感激地对帮扶干部说：“十分感谢您，您让我头脑清醒了，我们的下一代再也不用过穷日子了。”

帮扶干部走了，三年的时间，他们做了很多很多，但什么也没有带走，就连那两大桶茶籽油都悄悄地留下了……这就是中国的扶贫干部。中国人用自己的方式解决中国的问题。“扶贫先扶志”，也就是从思想上解决贫困问题。因为中国有句古话：人穷志不能穷。

从传统帮扶开始，到唤醒贫困户的自身觉悟，让他们走出原来帮扶的模式，进入一个新的发展阶段。在这个过程中，扶贫干部们都会遇到困难，走过一段曲折的路程，实际与想象也会产生很大的落差。

因地制宜精准脱贫实践

一个符合村情的决策解决了一个贫困村的命运。

在湖南怀化市通道县万佛山镇木脚村，村支书吴菊凤和村委会的干部，还有县市扶贫工作队做了一个决定：在村里荒废的土地上种植火龙果。这消息传开后，村民们冷眼看待这件事，冷语嘲笑村委。而村委干部和工作队很自信，因为他们对此经过了多番论证。果树种下时，村里的人都来看热闹，果树也很争气，长势非常好。但到了冬天，问题来了。他们万万没有想到，这年的冬天出现少有的严寒，一棵棵果树被冻蔫了。村支书吴菊凤看到这情形，急哭了。工作队立刻对果树进行“加热”，搬来了很多保温材料。吴菊凤再次被感动……火龙果终于熬过了严冬，到了收获的季节时，村民看到了希望，大家开始学习种植火龙果，村支书把试种的这片果园定为村里的集体产业园。后来，吴菊凤又想出了一个办法——租用村民的地种植蔬菜，来解决县城群众的吃菜问题。土地的租金由城里人支付，当地农民根据县城老百姓的需求，种下他们喜欢的蔬菜品种，也可以由租地的县城人自己种植和采摘，也可以服务到家，定时把地里的蔬菜通过微信推介，县城的需求者选择后，由农民及时送到家，这样保证了蔬菜的新鲜度。因此，农民的贫困问题解决了，城市群众的需求也解决了。

在湖南通道县牙屯堡镇文坡村，有一个名叫粟田梅的女人，她的事迹在村民中广为流传。她通过细心观察发现自己生活的这个村庄，几乎每家每户的妇女都拥有制作侗绣的手艺。侗绣，对粟田梅来说，是一门再熟悉不过的手艺。于是，她和绣娘们商议，把侗绣作为一个创新产品，让侗绣走出侗寨，这样不仅把这门手艺传播出去，也可以让绣娘在自己家门口赚钱。绣娘们自然十分乐意，非常支持。于是她开始和湖南大学商议合作的事宜。她想，这里有非物质文化遗产侗族的侗绣，是否能够成为当地村民摆脱贫困，富裕起来的产品呢？

湖南大学的教授们来到文坡村，看到粟田梅拿出来的侗绣时，霎时惊呆了。每一幅作品都带着浓厚的民族气息，传递着民族的个性，每一个侗绣图案里都有着优美的传说和故事。侗寨的冬夜非常寒冷，粟田梅和绣娘们聚在一起，一道商议，如何把这项技艺变成商品，走向市场。姐妹们一致赞同她的想法，坚决要跟随着她一起创业。于是，她们成立了以高校 + 公司 + 合作社 + 农户的侗族文脉文化创意有限公司，通过大学的网站把侗绣列入销售渠道。事实证明，粟田梅的想法是正确的，她们制作的产品在市场上非常畅销，她为这个村创造了奇迹。她带领侗寨的 200 多户农民彻底摆脱了几十年的贫困。

朴实的粟田梅喜欢笑，她笑着对村民说："你们能过上好日子，我很高兴。"接着是村民的心里话："田梅啊，不要太累，你这样的好人应该得到快乐，应该长命百岁，这样我们就有更好的日子过了。"粟田梅笑着回答道："大家快乐，我就快乐。但愿我和大家都活得时间长点，因为好日子还在后面。"

侗寨里层层叠叠的建筑被绿色簇拥，倒映在寨子前的湖面上。过往的绣娘轻轻地踏破晨雾，湖边偶尔传来阵阵歌声。绣娘们欢快的神情在告诉大家，她们的产品又获得了新的收益。

我们这个社会，总有一些人敢于担当，敢于作为，敢于走在时代的前面。时代需要这些人。

湖南省怀化市鹤城区的黄岩村和白马村，海拔在 800 米以上，山路陡峭险峻，山上有块小盆地，盆地是村民的农田。这两个村的农民就靠着这块小盆地，生活了几百年。盆地的下面是一道深深的峡谷，风光旖旎，云雾缭绕。交通的不便，限制了这两个村的经济发展。现任怀化市副市长的向秀亮当时是鹤城区的区长，他担心高山上的这两个村庄会成为脱贫的难点，于是就亲自挂阵去这里做扶贫工作。

黄岩村出现了一个人，名叫杨英兰，是个大男人，但却有着女性的名字。他是村里的支部书记。与此同时，白马村也出了一个名叫余绍友的人，高大壮实的他看到满山遍野的杜鹃花，突然想到了一个好主意，围绕杜鹃花做文章，准备在村里举办杜鹃花节活动。余绍友的想法和杨英兰一致，早几年，杨英兰就是靠花木赚了些钱，在村里很有影响力，他为人和蔼友善，谁家有困难找他，他都会想办法帮助。到了村委会换届改选的时候，村里的群众都希望他能成为村里的干部，带领大家改变目前的贫困现状。杨英兰不辜负乡亲们的期盼，担任村支部书记后，就发展旅游观光产业，他和余绍友合作，举办了几届杜鹃花节活动，给村里寻找到了致富的路子，许多贫困户因此脱了贫。看到这种情况，当时任区长的向秀亮立刻对此项目扶持，他把原来的沙土路，拓改为路面宽 8 米的水泥车道，确保游人的安全，同时也给当地的农产品运输提供了方便。杨英兰和余绍友抓住这个有利时机，按照当地的地形，设计了景区和休闲区。他把设计图纸交给了省设计院的专家，请专家进行指导，节省了不少的设计费用，他的方案也得到专家们的一致赞赏。杨英兰兴奋了，那年春天，他开始发动全村的群众一起来完成设计方案。在海拔 800 多米的黄岩村，旅游项目动工了。在开发旅游项目中，他动用了自己的个人存款，以股份制的方式投入，他说："我是在引导村民做集体产业，这样会吸引一批和我一样在外面打拼的人加入，将来他们也会把自己赚来的钱投到这里。”从 2015 年以来，黄岩村的旅游业开展得如火如荼，村民的收入大大提高，人均年收入达到 3 万元以上，村民自发组成的股份制公司进入了稳步发展的阶段。随着黄岩村旅游业的名声越来越响，不少企业纷纷带资入股。

这种脱贫形式，可以解决极少数生活在危急状态中的贫困人口不再回到贫困线下。尤其是能够激励村民团结一致，共同面对可能会发生的、容易造成返贫的事件发生。如今白马村，原有贫困人口 15380 人，到了 2018 年脱贫了 14807 人，2019 年，就实现了全部脱贫，贫困户的发生率为零。

湖南省黄岩村的早晨是安静的，阳光照射着连绵起伏的山峦，一切都显得那么和谐。夜班的保安开始和白班的进行交班，客房的服务员开始了早班的工作。他们都是黄岩村的村民，他们每月在这里可以拿到 4000 元的工资，并享受医疗保险和养老保险。这些村民尝试着和外来游客打交道，那种传统的乡村思维慢慢随着旅游项目的开展而淡化，因为他们看到了一个全新的世界。

在广西百色德保县东凌镇甘必村，已年过半百的贫困户阮桂尼，一直生活在困境中，所有的生活来源依靠儿子阮国友在广东打工挣的钱。阮桂尼守着自家的一块山地过日子。儿子阮国友没有技术，所以他在广东打工的收入也不高。他家是土瓦房，刮风下雨时，屋子里的雨水很快就溢满了。阮桂尼和儿媳、孙子只能依靠村干部的安排，寄居在公房里。深圳南山区帮扶干部按照国家的政策，经过村民大会的同意，给予他 3 万元经费进行危房改造。但是依然无法解决他生活上的贫困问题。县工作队根据这个村庄的实际情况，与市里生产饰品的一些企业商量，将饰品生产最简单的环节放在村里生产，对企业来说，可以降低成本，因为这里的劳动力价格很低，村里的妇女可以直接就业，同时这些妇女们还可以兼顾家庭。阮桂尼的儿媳妇成为这家企业的一名员工，她每月按计件工资可得 300 元左右，并且还学到了一些简单的技术。这个模式叫“村庄车间”。随着扶贫工作的不断深入，类似这种类型的“村庄车间”遍布了中国的贫困地区。在湖南的沅陵县，这样的“村庄车间”有服装、电子产品、饰品和食品等种类，涉及领域之广泛令人震惊，贫困户也因这些“村庄车间”而改变了生活贫困状况。

教育扶贫

中国人对教育非常重视，自古以来就敬奉孔子，并称之为文化圣人。中国的扶贫工作自开展以来，一直把教育扶贫作为扶贫任务的主要项目。走遍中国的贫困山区，看到的最好的建筑一定是学校和医院。面对贫困问题，中国的学者和理论家们把改变教育的贫困作为解决贫困根源的重要渠道。

宁夏闽宁镇在建设过程中，首先将教育项目摆进闽宁协作的重点项目中，福建援助了闽宁中学，继而援建了角美小学。但这些都不是切断贫困的关键，关键是如何提高教育水平和质量。因此，必须有一批优秀的教师队伍进入闽宁镇。于是就发生了一场场争抢人才的“战斗”。1998年的闽宁镇还处在自发移民和政府计划的筹建阶段，这些老师一旦接受学校的聘请，就必须和移民们一同奋斗。于是，被认定的“移民精神”也和这些开创型的教育工作者一同开创闽宁镇的教育事业。他们和移民户一起居住，直到学校解决了住宿问题，才搬进了新居。这一代人的精神被称为“闽宁镇教育精神”。为了能够将这种移民特有的精神传承下去，学校创办了一本刊物《隔壁童话》。“童话”里的故事都是学生的作品，作品的内容都在讲述移民的精神。这些学生们没有住过“地窝”，没有经历过风沙的侵袭，没有经受过饥饿与寒冷。从父辈嘴里听到的故事，令他们振奋。他们对此有思考，这些精神鼓舞鞭策着他们努力工作，这是闽宁镇中学特有的文化，特有的精神食粮。

2019年，宁夏回族自治区教育厅向闽宁镇中学提出更高的要求，“大力提升闽宁镇基础教育质量”“重点打造7个基地和3个体验教学区，即打造自治区教育工委教育厅党校、自治区教育工委教育厅培训基地（酒店管理与服务职业技能实训中心）、互联网+教育体验教学区……”不仅通过教育解决贫困问题，还将教育作为发展闽宁镇经济的重要资源，结合闽宁镇的实际情况，给宁夏回族自治区的科学发展提供后备力量。

2017年，在新疆阿克苏市郊区，一所崭新的幼儿园拔地而起。虽然只有三层的建筑，却被维吾尔族群众密切关注。阿克苏还有一所现代化建筑，那就是浙江省于2018年援建的中学教学楼，这在当地人们的视线里显得无比壮丽，里面所有的教学设施均按照现代化的器材配置的。2019 年 8 月，备受维吾尔族群众关注的这所中学开始进入招生工作的准备，阿克苏的老百姓都在寻找机会，希望自己的孩子能够走进这座现代化的学校，享受良好的教育。杭州对口援疆指挥部指挥长杨国正制定了一条规定：这个学校的第一招生对象，应该是贫困家庭中成绩优秀的孩子。

“一个孩子读书，走出了山区，看到外面的世界，这个家庭就看到了希望。”这是杨国正为何要先招收贫困地区孩子的原因。“这是斩断贫困根源的主要办法。一家人只要有一个读书的，这家人的观念就可能改变，也就具备了改变贫困的可能。”

在浙江援建的幼儿园选址时，杨国正就考虑建在维吾尔族流动人口密集的区域。因为住在这里的村民大都来自贫困乡村，他们在市区打工，他们的子女却没有享受到良好的启蒙教育。因此，他们为这些孩子建设了这座美丽的幼儿园。这所幼儿园成了阿克苏教育领域的一张名片。当地的维吾尔族人都盼望着自己的孩子能进入这样的幼儿园，在这里度过幼年时光，接受这个幼儿园的启蒙教育。

我曾对走出贫困家乡的新疆维吾尔自治区的青年们进行了一次集中采访。这是一次轻松的采访。采访对象都是大学毕业生，大约都是工作两到三年的维吾尔族青年。

木业塞尔·亚森和美尔扎提·托哈尼亚孜都是医生，他们从杭州学习归来，以自己的经历，证明了视野与事业的关系。四年的大学生活令他们终生难忘。

“在家看不到希望，走出去才知道自己该往哪个方向走，不会茫然。”美尔扎提·托哈尼亚孜说话的声音很甜。我问：“什么是希望？”她笑着说：“以前我只看到草原、蓝天白云和羊群，过着‘两点一线’的读书生活。出去后，看到很多新鲜的事物。在医学方面，除课本里的知识与应用外，我还了解到医学的发展趋势，看到未来这个学科的前景。另外，还接触到很多新的观念和新的生活方式，认识到新疆以外的文化，感觉这种经历很珍贵。”

我问她：“你们在杭州读书一定很不容易吧。远离家人，独自生活，另外，还有生活习惯的不同……”

一旁的阿丽米热·阿布都哈力克忍不住笑了，说：“这算什么呢？目标决定态度，这都不算事。你们不也一样吗，离开家乡到外地学校学习，一样可以面对环境的改变而改变自己的心态。”

一直在倾听的艾尼卡尔·努尔麦麦提认真地说：“人嘛，出去求学只有一次，就要珍惜这一次。这一次很长也很短，每一个阶段都走好了，人生就完美了。走出去，再回来，帮助大家解决问题，这很有意义。没有人喜欢贫困。贫困虽然会得到帮助，但最根本的还是要靠我们自己。这样，我们的家乡新疆就会充满希望。”

阿丽米热·阿布都哈力克调侃他：“别说这些话。你就说自己在外面读书的日子是怎么度过的，学到什么了？”

艾尼卡尔·努尔麦麦提回答道：“你们都没谈过大家在外面读书时认识了多少好朋友，那些人给我们提供了多少帮助啊！我们有困难时，他们想尽一切办法帮我们解决，我们是不是要回报他们？”

话题一转，大家都沉浸在四年大学生活的回忆中。

从杭州来的一名医生认真地看着他们，说了句：“我来这里工作，你们也帮了不少的忙……”他们笑了：“这是应该的。你们来这里是帮助我们的，是帮助我们脱贫的。”

他们都沉浸在甜甜的回忆中。过去的甜，今天的甜，这些都在心灵深处埋下了美丽的种子。他们的未来一定也是甜的。

浙江温州的一个私企老板，得知新疆阿克苏农村贫困现象十分严重，就主动在阿克苏开办技能培训班，为阿克苏人民提供了300个就业岗位。

走出去，看世界；走进来，认知世界。在脱贫的路上，中国人用自己的方式解决了中国的问题。

浙江省杭州市援疆指挥部就新疆阿克苏的贫困问题决定走“双扶”的路，即扶志与扶智。杨国正、孔一等援疆工作队队员在对新疆阿克苏的帮扶中，曾经遇到很多棘手的问题，他们给予贫困户一定的资金，但这些资金很快就成为贫困户暂时解困的生活费。几个月后，这些贫困户又返回到贫困线上。究其原因，他们没有脱贫的想法。援疆工作队就此种现象开会研究解决的办法。最后他们一致认为：必须先解决“志气”的问题，同时也要解决“智力”的问题。他们找到了一条路径，就是让家庭贫困的孩子先走进学校，因为走进学校的孩子对父母的影响最直接。

“妈，叔叔（援疆队员）给咱买羊的钱别花了，同学家和我们一样，他们家的羊都生了小羊羔了，今年就可以赚钱了。”

母亲惊讶地看着孩子：“能吗？”父亲看着孩子：“他们家有几只（羊）？”孩子回答：“和我们一样啊。”孩子说着，眼泪在眼眶里打转。母亲安抚道：“哭什么？”“老师说，做人要有志气。我还想上好的学校呢。”

母亲和父亲沉默片刻：“好的，儿子，我们不吃羊了，像他们一样，放羊，赚钱让你念书。”

这个孩子在杭州援疆工作队的帮扶下，第二年考取了当地的中学。他的父母通过辛苦养羊，来支撑孩子的学费和生活费用……

在广西壮族自治区百色市德保县，面对贫困辍学的学生，深圳市南山区的帮扶工作队做出了一个决定：把一所中学的闲置楼作为技术帮扶的教育基地。利用深圳的优势，给因贫困辍学的孩子重新上学的机会，传授他们制作饰品的技能。

学习这个专业技能的学生全部来自德保县的山区，他们面对的是饰品中最高雅的品种，胸针、戒指、胸挂的坠子、头饰的金银配件。他们要学会设计和手工制作。坐在我面前的这些纯朴的孩子，他们身上的穿着证明了他们的家庭条件。

广东省深圳市南山区的帮扶干部用他们的工作经费给这些孩子们创造了一个良好的学习环境，为他们减免了住宿和伙食的开支，让他们安心学习。深圳来的老师一一给我介绍了他们的情况。他们中的大部分人可以到深圳工作，可以获得每月 6000 元以上的工薪。这些学生，在短期的培训中逐步走上岗位，他们的成长也影响了其他的孩子。

福建三明市宁化县的学生曹兴辉，父母因交通事故双双残疾，生活十分困难。命运对他的不公难以向外人倾诉。每天放学，想到父母还需要他照顾，曹兴辉就不得不加快步伐，可一想到学费，想到平时吃的、穿的、用的，他又不得不放慢脚步，舒缓一下自己沉重的心情。小小年纪的他，整天顾虑重重，心思很重。他很少和同学交往，经常独来独往。鉴于他生活困难的情况，学校按照政策规定把他列入帮扶对象。学校面对性格有点孤僻的曹兴辉也费尽了心思，班主任前去他家探望，看到他生活的窘迫，同时也发现他有很强的自卑心理。对此，老师给他找了心理医生，进行心理疏导。如今回忆起来，他还牢记老师那一番温暖的话语："你很聪明，你的理科成绩在班级里处于中上等的水平。发挥得好，你可以是第一名的。"

"不会的，我比不上那些同学（指成绩一直居上的）。"

"我已经看到了你的潜力，你的理解能力很强，这是很重要的。"

"我看不起自己，我和他们各方面都有差距。"

"我们会帮助你的。你看，你们家不是已经在帮扶对象的名单里了吗？你担心什么？学校要减免你的学费，你不必担心了。你父母的生活有保障了，你更应该努力学习才是。多和大家交流，你就进步很快，发挥你的理科优势吧。"曹兴辉于2017年考入北京大学医学部，他说："如果没有党的好政策，就没有现在的我，感谢党，感谢政府……"

在山西太行山下，左权县光伏工程的普遍应用十分广泛，政府就出资开办光伏培训班，培养一大批能够操作使用的技能工人。不仅光伏使用中的问题可以及时得到解决，也解决了左权县部分贫困户的就业问题。

郝瑞莲，是山西左权县葡萄园里的工人，因为家庭生活困难，大女儿仅取得了初中学历就辍学了，二女儿靠着她在县城打工赚来的钱读完了本科。毕业后，二女儿在天津工作，并在天津成家。相同的家庭，不同的时间，不同的结果。郝瑞莲内心一直为大女儿感到愧疚和遗憾，那是她心里永远的痛，她说："我现在不贫穷了，我在这里打工挣钱是想资助外孙读书的花销……"

从闽宁镇中学到浙江省杭州市援疆项目多浪幼儿园，到西藏、云南、福建、陕西各种技能培训学校的产生，培养了大批贫困山区的人才。各省、市、县帮扶工作都与当地未来的发展紧密联系在一起，他们不仅推动脱贫工作的开展，而且还形成了一股强大的力量，积极推进了中国发展的进程。时间给中国留下了难以磨灭的记忆，那就是中国人用自己的能力解决自己的问题。从穷困地区走出的农民看到了祖国的强大，看到了自己潜在的能力，他们的目标非常坚

杭州市援疆指挥部倡导成立"多浪公益"，彰显杭州大爱，后方企业、社会团体和个人踊跃捐资助学、捐款捐物。图为杭州企业为阿克苏市属学校捐赠了价值 70 万元的电脑，助力边疆学校提升硬件条件。（刘卫红 摄）

定，他们也逐渐成为推进生产力发展的一支力量。

金融扶贫

时间证明了一切。我作为一名见证者，能够把充满生活气息和希望的故事记录下来，是一种享受，也是文字工作者应尽的一份职责。中国是一个以善良为民族本性的国家，曾经被伤痛和病痛缠绕的农民在脱贫的过程中，也完善了自己一整套脱贫的科学体系。

闽宁镇在移民工程结束后，形成了一个具备发展潜力的新型乡镇。从贫困山区移居到闽宁镇的宁夏农民，他们脱贫了，他们感恩党的政策，感恩福建的帮扶，他们正在向小康社会的方向努力着。如今在闽宁镇，中粮集团的大型酒庄与几千亩的葡萄园，令人惊叹。

在农村，许多大棚种植令人对未来充满了憧憬：福建帮扶的菌菇生产基地、闽商创办的服装车间、光伏产业园、宁夏枸杞生产基地，呈现出一派欣欣向荣的景象。昔日的干沙滩变成了金沙滩，许多扶贫的动人故事在这里上演，闽宁镇的奇迹令世界惊叹！

在扶贫的道路上，许多福建来的投资商为闽宁镇的乡镇经济做出了贡献，同时他们也找到了自己企业的发展方向。蔡经理做了 20 多年的服装生产，他来到宁夏，在镇上创办了服装车间，他深有感触地说："西部开发，闽宁协作，国家有政策，这里有市场，尤其是宁夏金融界的支持，这是我们企业发展的重要条件。我们可以解决当地的富余劳动力，可以帮助当地的群众致富。"

宁夏闽宁镇同心同德庄园枸杞大规模采摘的场景（钟培源 摄）

用金融政策支持企业，用企业的发展助力小康社会的建设，激发贫困农民的致富意识，以此撬动了地方经济的发展，这就是中国扶贫政策的英明所在。

在蔡经理的服装车间里，规定按级别获得劳动报酬，以此鼓励员工学好技术。从员工到班组长，从班组长到车间副主任、主任。不同等级由大家来评选，由技术员来评定。最高级别的工人每月可获得6000元人民币的工薪，最低级别的工人可获得每月4000元的收入。

笔者曾经跟随蔡总，来到员工的家里走访，60英寸的彩电出现在我的眼前，整洁的家里有高档的家具。这家的女主人还做些刺绣，拿到市场上销售。这就是这些村民们新生活的缩影。

在他们的院子里，盛开着鲜花。迈出这位农民的家，走在宽阔的街道上，再回想当年当地农民吟唱的那首民谣："洗净你尘土的脸，出嫁。"留给我的只有沉思与联想。眼前的蔡总，显然信心满满，因为他干的这份事业，身后有支撑企业的金融政策，他有信心在这片土地上把生产的产品销售到国外去。

宁夏王乐井乡曾记畔村党支部书记朱玉国，对于扶贫，他有自己独特的思考。他认为，要解决贫困问题就要找到一条出路。贫困户贫困的根本原因是眼界的"贫困"，长期依靠政府的补助已成了大多数贫困户的习惯，他们对生活失去了信心。他们不仅依赖政府，而且还担心失去自己的利益，哪怕是微乎其微的利益。在审定贫困户时，朱玉国已经看到贫困户与变化中的非贫困户之间的矛盾。贫困的标准是固定的，而贫困人群是动态的。因此，朱玉国作为村支书，他不得不向上级如实反映此类问题。但解决问题的依然是村支部和村委会。

在某一天的清晨，朱玉国透过雾霭朦朦胧胧地看到地里劳作的村民，禁不住感叹："几十年乃至几百年，村民都这么辛勤劳作，但还是生活贫困。现在有了国家的扶贫政策，但哪项政策适合这些村民呢？"他披上外衣，走出家门，习惯性地到自家的地里逛逛。天一亮，他妻子就下地忙活农活了。迎面走来的一位乡亲没理他，装作没看见，擦肩而过；朱玉国打招呼，他也不像以前那样热情了。朱玉国立刻明白了，昨晚的脱贫大会上得罪他了。怎样才能做到大家一起富裕？一些摇摆在政策边缘的人该怎么办？原本村民之间保持着的亲密关系，会不会因此而产生裂痕？按照政府的政策执行，朱玉国没有错，而且审定过程非常严谨，每一个程序都按照政策执行。那么，如何解决整个村的贫困问题是他努力的方向，也就是习近平总书记提到的："在扶贫的路上，不能落下一个贫困家庭，丢下一个贫困群众。"

有一天朱玉国突然灵机一动，想去县银行一趟，他悄悄离开自家的田地，跑到县农业银行的门口等候着，而银行的工作人员也因为有脱贫任务，正准备下乡走访。朱玉国见到行长，行长让他回到村里解决，银行在村里已经开办了窗口，至于如何帮扶就要根据政策了。朱玉国匆忙赶回村里，村委会腾出一间屋给银行的工作人员做临时办公室。村民们对此很纳闷，银行的人员在村里做什么呢？我们没有钱，就是建房子，简陋的房子也贷不了几个钱。万一还不上贷款怎么办？县银行设在村里的这个窗口无人问津，甚至还被认为是一个笑话。机智的朱玉国还想到了保险公司，保险公司业务员听完朱玉国的一番话，直愣愣地看着他，想了很久，他告诉朱玉国："要支持您是可以的，但我们有规定，有一套严格的制度……"

朱玉国提出："主要是要建立信誉。银行贷款，你们保险，这样银行就敢放心放款。比如，银行给贫困户贷款3000元钱，贫困户用3000元买了5只小羊。每只羊给你们交上保险，应该是多少？""羊也要上保险？"

"当然。万一冻死了，万一受伤了……"

“明白，继续说。”

朱玉国继续解释他的想法：“羊肥了，卖了。一只羊可以卖 2600 元。农民不就有收入了嘛。第二年，他们继续贷款，你们继续保险。这样农民就会逐渐富裕的。当然，其他人也可以参照这个办法做，只是他们贷款的额度不同而已。你们可以和银行合作，这也是互惠互利的办法啊。”

保险公司的业务员笑着说：“我汇报一下，看看上级领导怎么考虑的。”

几天后，保险员带着他的上级领导亲自拜访了朱玉国，朱玉国的想法得到了认可。于是，村委会、银行、保险公司三方签订了合同。事后，朱玉国召开村民大会，宣布了这个消息，他告诉村民，尤其是贫困户，村委会是你们的第一担保人。你们大胆一些，尽自己的能力到银行贷款，做自己能做的事情。

村里有一个贫困户，家里只剩下一口锅，就贷款了 3000 元，买了 5 只小羊。经过辛勤喂羊，羊肥了，送到集市上去卖，一只羊可卖到 2600 元。第二年用挣的钱买了 6 只羊，第三年，买了 12 只羊。就这样，他逐渐摆脱了贫困。同时那些原本对界定贫困的标准有意见的，也没意见了。因为他们有了银行的帮助，可以用同样的方法解决自身的问题。

朱玉国为此事继续努力着，他在村里进行信誉评估，建立信誉等级，与银行和保险共同搭建信誉平台。达到信誉最高等级的村民可贷款 50 万元。同时，他还积极想办法发展村里的集体经济，村委会的收入也纳入了村民所有……

金融扶贫，并在扶贫中发挥作用，已成为中国扶贫进程中的一个重要环节。

福建三明市宁化县的赖先强是村里典型的贫困户，全家5口人，仅靠他一个人在外打拼，主要在建筑工地做些零工支撑家用，日子过得很艰难。村支书为他尽早脱贫费尽脑汁，2016年秋天，扶贫工作队的同志牺牲掉休息时间，来到赖先强家里，和他进行了一番真诚的交流。床上病重的两位老人和患有眼疾的妻子，再加上上学的孩子，使赖先强倍感生活的压力。其实，这是村支书和扶贫工作队第5次踏进赖先强的家了。村支书把两位老人的医药补贴送到赖先强的手里，告诉他要想办法解决目前的困难，尽快走出困境。赖先强对此一脸的无奈。工作队的扶贫干部问他："你在工地上做些什么？"

"木工。"他回答很简短。

"你观察过你们家的位置没有？"

"路边。"他没有理解队长的意思，"我家的一排房子，又破又旧的能做些什么呢？"

村支书提示道："这条路很快就要拓宽了，你能不能做点赚钱的事情？比如开个小超市，方便大家。你看，每天从这里路过很多货车和小汽车，说不定生意能红火呢……"

"哦——"赖先强高兴了，但这表情瞬间从脸上消失了，他看着队长和村支书，"我哪里有这么多的钱啊？"

队长指着身边坐着的陌生人："他帮你。"

陌生人亮出自己的身份："我是银行的工作人员。"一说"银行"两字，赖先强紧张了："不，我不贷款。没钱偿还，穷归穷，贷款会更穷。不，不，不！"

信贷员苦笑着说："没有利息的，但这钱只能用在你做正当生意上。"

扶贫工作队的队长也笑了："你担心还不了银行的钱？"

赖先强点了点头："还钱和声誉都很重要。"

这的确是中国农民最朴素的思维方式，尤其是边远贫困农民更害怕借钱。在他们的传统意识里，借钱是不光彩的事，没有能力还钱更是耻辱。他们首先要判断自己是否有能力还钱，而后才会考虑借钱。他们的习惯是，如果能熬过去一定不会借钱。面对这种现象，村支部书记和扶贫工作队的同志商量了一下，让信贷员给赖先强作具体的贷款说明，把扶贫贷款的政策讲述了一遍，扶贫干部又将具体的办法针对赖先强的实际情况补充了一下："比如，你贷了 3 万元，你到县城的大超市交了 1 万元的货款，超市可以让你拿 2 万元的货款，让你去销售。"

"我们可以帮你联系一些工地，工地的工人需要的东西很多。你勤快点，每天给他们送些需要的东西……"有人插话补充。

赖先强好像听明白了。

村支书说："这政策如果应用在我国沿海一带，人家都抢着贷款，知道吗？但他们享受不到这种政策。"

“还有，如果你去给大家送货，你老婆也可以看超市啊。”

一年的光阴过去了。赖先强来到银行，他很高兴，面对那个信贷员说：“我要还钱，3 万元。”他从怀里掏出 3 万元人民币。“我带你去办理。我告诉你，你还款后，还可以贷款。可以贷到 5 万元。你还想贷款吗？”

赖先强犹豫片刻说：“不贷了。再做一年，多赚点钱再说。还了钱，心情就好。”

2018 年，赖先强已经彻底摘掉了贫困的帽子，家庭稳定的年收入达到 12 万元。三年时间，他利用小额信贷补偿基金 8 万元，除了小超市的收入外，还在自己的山上种植了茶籽树，过上了他梦寐以求的理想生活。

仅仅三年的时间，福建省就建立了总规模 8.2 亿元的扶贫基金，用于扶贫中生产性的贷款。截至 2019 年 5 月，累积为 73396 户贫困户发放资金，信贷员上门服务，建立了一个服务型的网络，推进了扶贫工作向最终的目标发展。

科技扶贫

闽宁镇，曾经饱受缺水折磨的老百姓，移民后，对水的期盼已经没有在老家时那么迫切了，但他们依然珍惜水，整个宁夏的老百姓把水看成生命。

“你怎么这样做，不知道节省水！”一个长者对孙子严厉呵斥道，那语气是在生气地指责，类似这样的事情在移民的家里经常发生。宁夏人对水的感情，独特得令人敬畏。今天的闽宁镇已经不再缺水，宁夏人已经不再为水而发愁。但是闽宁镇的老百姓依然保持着对水的敬仰。十几年前，他们离开极度缺水的老家，通过国家的移民政策，第一次“亲吻”水。祖祖辈辈依靠旱地生活的宁夏人开始接触到水却不知道如何用水，竟然被水困扰了一夜，夜不能寐。宁夏彭阳县移民马富莲及冯志生和冯志学兄弟第一次接触排水管里喷涌而出的水，竟然不知所措。按照旱地种植的方式在这里却遇到麻烦，大量的水把旱地的沟坎淹没……原本沟沟坎坎的田地，现在是连着云天的耕地。

被命运推到宽阔田野上的西海固农民再次遇到挑战，他们开始学习如何科学用水，如何耕种平坦的土地。在这个全新的土地上，应该选择什么农作物，如何种植这些农作物。还有许多他们要重新认识的事物，学习和钻研成了他们主要的任务。比如，随着福建菌菇专家的到来，带来了菌菇的各种品种，哪些品种适合他们学习培育，哪些不适合；大棚蔬菜的种植，温度与水分该如何调整等；葡萄园里的葡萄哪些品种可以做酒，哪些是吃的……这些都需要科学技术知识，于是，政府就派许多农业技术员到地里直接和他们对话，问题出在哪个地方，就在哪里解决。熟悉土地的农民在新的土地上认知了新的农业知识，开始掌握新的农业技术。马富莲学会了水田的种植，他知道什么时候放水，放多少水；水田应该如何规划，如何分布等。冯志生和冯志学学会了驾驶现代化的农业机械。

马富莲回想起自己所走过的路，至今还感慨，他说：“回忆起往事来，我都忍不住要笑话自己，一晚上我都没睡好啊，要学的东西实在太多了。虽然老了，可心里总想学点，再多学点。”

冯志生谈到自己当初面对一望无际的耕地不知所措，不知道如何下手劳作，通过学习，如今他已经很有经验了。他深有感触地说：“旱地太落后了，我们在地里一年到头辛苦劳作，还吃不饱，穿不暖。现在地里的活只用3个月的时间就做完了，效益很好，剩余的时间去打点零工，一家人的温饱问题解决了，粮食还有剩余。”

冯志学告诉大家：“只有掌握科学技术，才有前景，才能解放劳动力！”

学习科学知识，掌握新技术，为闽宁镇移民的生活开启了新起点。这个起点不仅解决了农民的生存问题，同时提高了农民的文化修养，并开始形成一个新的生活方式，融入时代的发展潮流中，和这个时代同步向前。

宁夏回族自治区吴忠市红寺堡区，是一座典型的移民新城。这里的农民过去只有靠天靠雨水发展农业，后来，他们想办法向灌溉农业转变，现在基本实现了灌溉农业向现代化农业的转变。

当我们在发展中解决社会矛盾，科学技术在这个时候就发挥了不可取代的作用。科学技术的使命就是推进社会的发展，创新社会文明，建立新的人文社会。

在闽宁镇中粮集团的葡萄园里，几个回族姑娘正在给葡萄浇灌和剪枝。

“你来这里做多久了？”我问其中一位穿红色衣服的姑娘。没等她回答，身边的另一位姑娘就抢了她的话：“我们是偷偷来学的。”

大家都笑了，连在场的总经理都笑了。

穿红色衣服的姑娘说：“这里全是数字化管理，很快就能学到先进的技术……”

“你知道什么叫大数据？”总经理问。

“不要小看人，地里的每条沟，地里种植的葡萄品种，每株葡萄架的距离都是大数据定好的，还有浇灌的量、浇灌的时间以及酿酒的程序等等都是根据这里的气候和季节来安排的。”

没有人对这个姑娘的回答有疑义，大家都投来惊讶的目光，也不再纠缠大数据与葡萄的关系了。

在闽宁镇，一个现代化的产业带动了一个镇未来经济的走势，这就是科学技术的传播加快了社会的进步，改善了生活质量，推动了社会的发展。

闽宁镇的老百姓永远都记得一位来自福建的菌菇专家，他叫林占熺，他给闽宁镇的脱贫带来了生机。林占熺从 1999 年开始，带着自己的理想和热情，来到闽宁镇，给这里的农民留下了深刻的印象。这位已经进入高龄的长者，带着他的团队深入乡村，他仔细观察气候和水质，针对当地的自然条件，培养了当地的技术人员，并做技术示范传授给当地的农民，为贫困群众增加收入，带领一批贫困户脱贫致富。后来，他又带着自己的学生来到新疆昌吉州几个县的菌菇大棚，指导当地农民栽培菌菇。当时，1943 年出生的他，已经快 60 岁了。一个科学家的努力造福了这么多人，闽宁镇的人民无法把

位于闽宁镇中心广场的闽宁禾美扶贫车间（钟培源 摄）

他从这段历史里忘却。

面对雄伟的太行山，聆听着涛声，周围村庄一片片闪亮的屋顶耀眼夺目，这就是左权县的光伏扶贫项目。目前，左权县建成100千瓦村级电站35座，建成并网农户无顶盖光伏扶贫电站村级（联村）电站46.4兆瓦，光伏受益1877.35万元，惠及人口达10782人，贫困户受益474.19万元。

山西省左权县通过建设光伏项目，让贫困户走出了贫困。在村子里，无论是孤寡老人还是留守儿童都享受着光伏的福祉。光伏的产生使那些贫困户的生活发生了巨大的变化。他们都说："我们看到了'光'的希望。"

按照国家政策，他们在享受光伏产业园收益的同时，也可以在自家的土地上利用光伏，种植换季蔬菜，让城里人随时吃到他们想吃的蔬菜。光伏产业园使这些贫困户摆脱了贫困，盖起了新房，过上了幸福的生活。

一份来自黑龙江省兴隆农垦荣鑫鼎农民专业合作社的报告，令人振奋。样品名称：富硒大米。检测项目：硒。样品数量：500g。检测结果为无害和优质产品。

深圳市至高军民融合装备技术研究院于2019年11月29日收到中国检验检疫科学研究院综合检测中心的报告，富硒表现出的所有

广西的扶贫项目——富硒桑叶基地（章乃云 摄）

数据均达到国内最高水平，甚至超越了国际水平。

后来，富硒走进内蒙古巴彦淖尔的玉米地，20 多位专家多次现场观看无人机喷洒富硒肥，经过几个月的实地验收，喷洒过的玉米与没喷洒的玉米明显不同，喷洒过的玉米，一眼就可以看出其产量的高低。现场从事畜牧业的一位老板，立刻决定使用富硒肥来解决他经营的草场问题，以此提高牛羊肉的品质。

在福建茶业产地，茶农使用富硒肥成功地改良了土壤；在重庆的贫困山区，使用富硒肥成功地让水稻增产。纳米富硒肥广泛使用在水稻、小麦、大豆、玉米、香梨、冬枣、向日葵等粮食作物或经济作物，使用地区有甘肃、宁夏、内蒙古、新疆等。实验田面积 2 万多亩，43 个品种，用户达 1400 多户，农作物的增产达到 20%。

中国政府坚持以科技为依托，找准科技与经济发展的结合点，抓好技术推广和成果应用，走出了一条以资源为基础、市场为导向、科技为依托、效益为中心的发展区域性支柱产业的路子，科技扶贫硕果累累。

朱有勇院士是一个令云南村民难以忘怀的人物，他带领团队居住在云南云山村 5 年，克服种种困难，以坚韧不拔的毅力，致力于科技扶贫。云山村，位于云南省普洱市澜沧拉祜族自治县竹塘乡。这个地方山高路远，自然条件十分恶劣，经济发展落后。云南属于亚热带气候，它的土壤适应于马铃薯的种植。在云南省有过马铃薯种植的历史，但没有形成一定的规模，仅仅是老百姓自家种植的农作物。朱有勇带着课题和他的学生们在云山村多年守着春天的日出和秋天的日落，度过了一个个不眠的夜晚。伴随着科研项目的推进，朱有勇和当地的拉祜族老乡成了朋友，彼此之间像亲人一样。他的硕士生、博士生也和他一样，为了当地经济的发展，深入到田间地头和村民一起劳作，并撰写了一篇篇科技论文。云山村的贫困率在朱有勇团队的帮扶下逐步下降。2019 年 5 月，这个极其贫困的村庄终于摘掉了贫困村的帽子。

朱有勇院士把扶贫当作了责任和使命。他积极想办法，帮扶云山村脱贫，还将电商带进了云山村。

中国工程院院士李晓红先后多次来到云南实地考察冬季马铃薯的种植与云南特色药材三七的培育开发。三七是云南主要的药材，但三七仅仅用在药材的配方上使用，而且价格低廉。如果把三七制成可供随时饮用的饮品，由此产生的附加值能为许多贫困家庭增加收入，使之走出贫困。而且这样的项目属于稳定型的扶贫项目，能够保证脱贫不返贫。同时也做到了因地制宜解决贫困的问题。此项目经过实践，证明了它的合理性与科学性。

电商扶贫

在新疆阿克苏，浙江省援疆扶贫干部把一座楼交给了电商的运营者。那里聚集了很多年轻人，他们从事各种商品的买卖。一对维吾尔族青年在新疆阿克苏和我们相遇，这个英俊的小伙子告诉我们："我们这里有很多大家喜欢的东西，比如核桃、葡萄、馕，各种果干等，有的地方尽管也有，但价格昂贵。我们电商的优势就是价格比较便宜，比较亲民……”

站在一旁听他介绍的是一位漂亮姑娘，她脸上带着微笑，小伙子自豪地给我们介绍说：“这是我的女朋友。”姑娘用崇拜的目光看着自己的男友，她说：“他很有商业头脑，我决心跟着他学。我现在正在读书，课余时间也尝试一下做电商的滋味。”

小伙子听说人群中有浙江省的援疆扶贫干部，立刻上前和杨国正握手：“十分感谢您，如果没有您提供这么好的场所，我们就不能过上富足的日子。”

扶贫干部最关心的是他们的家庭情况：“家里困难吗？你读书需要的花销从哪里来？”

小伙子兴奋地回答道：“哦，现在家里情况好了。我生活中所有的花销都是依靠电商赚来的，目前生活方面没有任何问题。”

就在这座楼里，已经入户的维吾尔族电商就有 9 户，其他的是外来的大学生，他们从事的也是电商经济。

在湖南沅陵县，挂村干部和农民一起度过了 2019 年的最后一天。他们在和自己的帮扶对象交流：“新房里的东西都齐全了，开春大棚里的蔬菜和果园里的果子都可以收了，我们帮你和电商联系了，你们就和电商一起赚钱吧。”

“我算过了，大概有 3 万多元钱吧。”

“你自己还有什么打算？”扶贫干部问身边的一位老乡。

“我想学学电商，能赚钱的我都想尝试。”

在中国的发展阶段，用先进技术来解决中国的贫困问题，电商发挥了巨大的作用。我们没有进行具体的统计，凡是扶贫的地方，尤其是基层的乡村，电商经济非常活跃，究竟有多少家电商，无法统计。在祖国的西藏、新疆、云南、广西、甘肃、贵州、海南，还有一些省份，比如陕西、山西、重庆、江西等地的乡村，电商经济都发挥了很重要的作用。经营电商的主要群体是贫困地区的年轻人，他们掌握一定的网络知识，利用网络技术摆脱了贫困的窘境。

张金龙，厦门人，他帮扶的对象是甘肃省临夏市积石山县的贫困户。现在他要带着厦门培训结束的学生回到积石山县开始他们的创业实践，这些学生全部来自贫困户，而且是属于建档立卡户。积石山县长马尚文非常高兴，对此举十分支持，他对张金龙说了一句话："你们认为县里哪个地方，哪栋楼可以用，就去用。"张金龙有点难为情，马尚文县长说："这样吧，我带你们走走看看，哪里适合你们搞项目的，就直接说。干不干是你们的事，能不能解决你们的需求是我们的事。"马尚文带着张金龙来到一个闲置的商场，张金龙感觉这个地方不错，于是立刻决定租用商场的部分场地。至于租金问题，先从厦门的帮扶经费里支出。经过一年的电商教学和帮扶，30 名学员均取得可喜的收益，其中收益最大的是 1994 年出生的马翔阳，他后来的月收入竟达到了 2.8 万元。

马翔阳的一句话代表了学员们的心声，他说："走出甘肃，看到厦门，我们有理想了。我们的理想不再是吃饱穿暖，而是知道我们将来应该怎么做。用网络赚钱，使我们获益很多，信心倍增。”

马翔阳在电商的路上越走越顺，越走越有信心，他想把家乡的特产通过电商推向全国。说干就干，他很快就投入到这项工作中。就这样，临夏市的特产经过他们的推销，很快就走出了甘肃，走向了全国。同时，马翔阳这些年轻人的电商产品也丰富了内地的市场，为消费者提供了更多的选择。

更上一层楼

中国人一旦打开视野，看清未来的方向就一定会朝着那个方向前进。他们不满足眼前的现状，一直在阶梯式地向前，再向前。

谢兴昌来到闽宁镇已经有三年时间了，他说：“现在贫困户的温饱问题都解决了，但他们还有新的目标。”他认为闽宁镇如此肥沃的土地应该种植价值更高的农作物，不应该只是种玉米和麦子，还应该有别的能够对接今天和未来市场的农产品。他希望在新开发的土地上，能有人来投资建厂。他说：“我们这里有本事的年轻人还是往外跑，你们看，地有了，土地也很肥沃，到了收成的时候也收获满满，可是当地人民的生活水平还需要进一步提高。”这些问题促使扶贫工作进入新的再探索阶段。

闽宁镇武河村党支部书记马生昌地里种植了大量葡萄，他希望能够找到企业合作，创办榨汁厂，从单纯的卖葡萄变成卖果汁，这样可以增加一倍多的收入，解决村民的许多问题。

闽宁镇的原隆村党支部书记王升认为：“唯有改革，农民脱贫致富的路子才能越拓越宽。”

宁夏永宁县闽宁镇玉海村委会主任李明发说：“只要找准方向，底子即使再薄弱，也能让农民的腰包鼓起来。”

山东济南市开发区扶贫干部通过实践摸索，找到一条可以彻底摆脱贫困的路子：他们采用一个政府干部，一个村干部，一位共产党员和一个群众代表组成4人小组，帮扶一个贫困户。针对贫困户的现实情况，先从心理上进行引导，发现现实中的生活问题及时进行精准帮扶，让贫困户认识自身的价值，从而通过自身劳动，摆脱贫困。

福建省三明市一直坚持“省负总责、市和县抓落实、工作到村、扶贫到户”的工作机制，形成“五级书记抓扶贫”的工作格局。强化各级党委和政府主体责任，省委省政府与有脱贫任务的县区市签订脱贫攻坚责任书，着力构建一级抓一级、层层抓落实的工作责任制。建立干部挂钩帮扶制度，组织11.17万名党员干部挂钩帮扶贫困户，做到每个贫困户都有一名党员干部挂钩帮扶。建立完善《扶贫手册》《挂钩帮扶工作手册》管理制度，推动干部帮扶责任落到实处。同时，建立财政投入保障制度，从2016年开始，每年按省里上年度地方一般公共预算收入的2‰筹集资金，专项用于精准扶贫和精准脱贫。

1989年，福建省宁德市寿宁县下党村下屏自然村的村民听说市、县为了解决交通问题下拨了40万元的资金，全村群众自觉来到村委会，要求参加修路工程，不计任何报酬。修路是需要占用土地的，村委会为此担忧征用土地会引起有关群众的阻碍。但村干部万万没有料到，凡是道路经过的地方需要征用老百姓土地的，没有发生任何争议，更不用说乘机索取了。这些老百姓知道，有了公路，他们与外界的交流会更及时，他们不再为挑公粮犯愁，不再担心自家的猪养肥了走不出村庄，村里年轻的小伙不再因为贫穷而找不到老婆了。下屏村的路还在修建的过程中，有头脑的村民就开始谋划发展项目了。有的人利用路边的住房优势做小商品店，有的做餐饮，有的做简易的旅馆。村委会借此制订村集体经济的发展规划，虽然他们所走的道路不是那么平坦，但他们已经开阔了思路，想尽一切办法摆脱贫穷生活的困境已经成了他们生活中的头等大事了。

福建省委宣传部挂点帮扶福建省三明市泰宁贫困县，他们针对当地的资源，推广泰宁县的旅游文化，以此推动泰宁县的经济发展，解决了当地农民的贫困问题。

向秀亮，湖南省怀化市鹤城区区长，他直接挂点扶贫到海拔 800 多米的黄岩村，对此项工作，他满怀信心，希望海拔最高的村庄能够做出最好的成绩。

一个帮扶的政策让一个贫穷的乡镇摘掉贫困的帽子，尤其更重要的是让一部分人看到了希望，树立了自信。这些离开贫困的人群中，不乏创新思想的人，他们大都具备一种“给我一双翅膀，我就要飞起来”的创新思维，这些人不仅摆脱了贫困，还带动村里的其他人一起发家致富。

宁夏红寺堡扬水工程给宁夏回族自治区西部100万的贫困群众带来了希望，这是一项为了探索在中国西部实施生态移民、帮助宁夏贫困山区群众脱贫致富奔小康而实施的一项大型水利扶贫项目，被称为“生命工程”，百万人的搬迁为西部群众解决了生存的基本问题。许多人都记住了这激动人心的一幕：1996年6月2日，当第一股黄河之水从管道喷涌而出时，沿途数十公里路程的红寺堡的群众沸腾了。不少人跳入水中，感受水给他们带来的幸福与快乐。有的人亲吻着甘甜的黄河水，有的人让奔涌而来的水浸透全身。那些两鬓斑白的老人仰天长叹，用沾着泥土的衣袖拂去腮边的泪水……他们大声朝向天空呼喊：“喝黄河水，报党之恩。”

这就是中国特色社会主义的力量。他能够把人民的利益作为自己奋斗的目标，时刻让人民感受到来自政府带来的温暖。

在中国革命老区江西省涂埠镇，地方政府和企业家提出倡议，筹建爱心超市来解决贫困农民的生活问题。这仅仅是倡导，但在镇上引起了巨大的反响，3天内第一笔来自各界的爱心人士就完成了投资总额的21%，一周后完成56%，一个月后，这个超市就奇迹一般地出现在镇上。足见中国政府的扶贫政策已经深入人心，激发了人民的极大热情和爱心。

近几年，由中华人民共和国国家互联网信息办公室牵头的网络扶贫在全国各地全面展开，各种扶贫信息和扶贫项目在网络平台上发挥了积极的推动作用。

福建厦门援建的西藏自治区昌都市左贡县移民新村村民帮噶，在住进新居时，就惊喜地发现网络畅通，设施齐全。他在网络上偶然发现，平台上有人需求牦牛肉，于是就在网络上出售，一时间销售量猛增。通过两年的时间，帮噶就积攒了一定的资金。他利用这笔资金，针对自己所处的环境，经营起汽车运输业务，家里很快就富裕起来，还买了小汽车，每到周末他就带着家人去郊游。

在中国，全国各省直辖市的领导干部都担负着扶贫的责任与义务，各地市、县的领导都有他们各自的帮扶村镇和帮扶对象。国家各部委按照中央和国务院的部署，一一对接全国各地的贫困地区和贫困户。

2019 年，时任厦门市委书记的胡昌升带着 20 多人来到对口帮扶的甘肃省临夏回族自治州，他们是按照中央的统一部署，来帮扶这里的村民的。令他们没有想到的是：这个地方的贫困状况远远超出他们的想象，被迫使 20 多人的考察团由原来的 3 天访贫计划改为 4 天，原来计划是集体走访，后来改成了分组走访。医疗保障是扶贫道路需要解决的主要问题。在帮扶的进程中，农村和城市都出现因病返贫的现象，这给脱贫造成了障碍。建立医疗保障体系是脱贫进程中最艰难的环节。

福建省是中国医疗改革的先进省，福建省三明市是医疗改革的示范市。建立医疗保障体系不仅是中国的问题，也是世界的问题。

如何让医疗保障在扶贫和脱贫道路上正确推进，福建三明市做出了示范。

赵云中，男 39 岁。他的家庭状况是：妻子在家照顾老人和孩子，他自己在城市建筑工地打工。一次事故让他失去了劳动力，这个原本靠他生活的家庭立刻急转到贫困线下。他成了村里的极度贫困户。面对年迈的父亲、正在中学读书的孩子以及自己的医药费，他常常愁眉不展，夜不能寐。

他说：“每天早晨醒来，心情还略好些，看着儿子上学，看着妻子在地里做事，村委会救助的钱可以维持日常的日子。可每个月去县医院时，我就发愁了，因为要拿出家里所有的生活费去支付医疗费用……到了寂静的夜晚，我都会悄悄地流泪，想到今后的日子，真想离开这个世界，不知道活着还有什么意义。”人们都希望自己平安，但这只是理想。生活里没有一帆风顺的事。在遇到困难时，在绝境中难免会有悲观的念头。像赵云中这样的农民不只是一个。村委会针对他的困难情况，帮他找到了一条出路：就是把村里的环境卫生工作交给他去做，他每月可拿到 2000 元的工资，医疗费由农村医疗保险为他解决了 80%。这种办法解决了赵云中的医疗负担，妻子在地里种植的蔬菜，解决了家里日常的生活开支。孩子就读的学校同样采用帮扶政策，减免了孩子的学费和在校的午餐费。2018 年，政府的危房改造政策让赵云中住进了新房。

随着扶贫工作的深入开展，振兴乡村医疗建设步入了一个新的阶段，尤其是对口帮扶和协作。城市的高等级医院向乡村推进，不仅赵云中的问题解决了，而且整个福建省因病贫困和因病返贫的问题也随之解决了。

福建省在健康扶贫方面，取得了良好的社会效果。从 2017 年 7 月 1 日起实施精准扶贫医疗叠加保险政策，并不断完善，贫困群众医疗费用报销比例从 71.81% 提高到 81.21%，有效减轻了贫困群众的医疗费用负担。对残疾人的问题依然按照扶贫的方法给予科学解决，由地方政府列入医疗保障体系。

随着帮扶工作的深入，许多问题都在实行政策的过程中得到了解决和完善，这充分体现了中国政府解决民生问题的能力和水平。许多扶贫问题的解决方案都是创造性的。因为在中国，有一个科学的管理和监督机制，这个机制对实施党的扶贫脱贫政策有着积极的意义。

在实施扶贫的进程中，有人质疑，就有人追责，只要损害人民利益者必究其责。每个帮扶的县、乡随时都要接受检查部门的检查与监督，这一制度确保了党的政策真正落实到每一户贫困家庭之中。

监督部门的工作是十分细致和具体的，他们会悄然出现在贫困户的家，将每一项具体的事项都检查一遍，仔细观察贫困户的衣食住行，真正做到了眼见为实，每次掌握了真实情况后才悄然离去。

国际上对中国扶贫能否成功投以质疑的目光，他们认为，绝对贫困可以解决，而相对贫困难以控制。贫困是随着时间和空间的变化而变化的，相对贫困会出现在每一个时期。那么中国能解决这个问题吗？又是如何解决的呢？

这是社会发展中必不可少的过程。我们所说的绝对贫困，指的是劳动者的收入无法满足他所在地区的生存需求；而相对贫困是指在特定的社会生产方式和生活方式下，依靠个人或家庭的劳动力所得或其他合法收入虽能维持其食物保障，但无法满足在当地条件下最基本的其他生活需求的状态。中国政府在解决绝对贫困的同时，也为解决相对贫困建立政策机制，如教育的普及制度。让适龄人群接受不同的教育，提高国民的素质，使之对贫困有一定的防范意识。如福建船政交通职业学院培养出来的学生，在各类行业都受到青睐。这些学生，大都来自生活条件较差的家庭，经过几年职业学院的培训，都能解决自己的生存问题。

随着时间的推移，闽宁镇的移民符号将逐渐淡化，这些移民已经成为城镇居民，他们的社会保障体系也随着地方经济的发展越来越完善。闽宁镇的农民凭借着勤劳和智慧融入了当地的企业，在良性的环境运转中选择了自己的生存方式。通过被帮扶，他们中的一部分人已经过上了小康生活。这些人为贫困户起到了示范作用，影响了后来的人。

政策决定了一切。从基础的帮扶脱贫，到科技、教育、医疗保险，再到创办企业，乃至各社会机构的扶贫，中国正向全部消除贫困的目标迈进。习近平总书记制定的目标已经实现。

这正如习近平总书记在全国扶贫工作表彰会上总结的那样：“8 年

今日的闽宁镇，呈现出一派欣欣向荣的景象。（钟培源 摄）

来，党中央把脱贫攻坚摆在治国理政的突出位置，把脱贫攻坚作为全面建成小康社会的底线任务，组织开展了声势浩大的脱贫攻坚人民战争。党和人民披荆斩棘、栉风沐雨，发扬钉钉子精神，敢于啃硬骨头，攻克了一个又一个贫中之贫、坚中之坚，脱贫攻坚取得了重大历史性成就。”

这是中华民族的复兴之路。

“我没有料到，我们实践习近平总书记脱贫攻坚的治国理念对国家和民族有着如此巨大的历史意义。我们 5 个人负责一个村，负责 8 户贫困家庭脱贫，全国多少个‘我们’组成了一个巨大的推动器，实践了我们伟大的中国梦。”这是采访时，大多数扶贫干部的心声。

经历过这场科学的实践，让实践者在实践中体会到自己的使命与意义。现在的中国，已经向振兴乡村迈出步伐，我们的目标是富民强国！

第四章
一个新时代文化形成

1949 年 10 月 1 日，新中国向世界庄严宣告：中华人民共和国中央人民政府今天成立了。1978 年，中国向世界宣布，中国改革开放走起来。2021 年 2 月 25 日，习近平总书记在全国脱贫攻坚总结表彰大会上庄严宣告：我国脱贫攻坚战取得了全面胜利！

如今，中国56个民族面对着一个崭新的时代。纵观人类历史数千年的历程，世界上不同的文化产生了不同的政治理念和不同的执政制度。我们可以概括为封建社会、资本主义社会和社会主义社会，以及共产主义社会。但不论是哪个国家，哪种社会制度，都面临着贫困的挑战。没有解决贫困问题，人权的问题近乎空谈。

2021年2月25日，习近平总书记在全国脱贫攻坚总结表彰大会上提到："在迎来中国共产党成立一百周年的重要时刻，我国脱贫攻坚战取得了全面胜利，现行标准下9899万农村贫困人口全部脱贫，832个贫困县全部摘帽，12.8万个贫困村全部出列，区域性整体贫困得到解决，完成了消除绝对贫困的艰巨任务，创造了又一个彪炳史册的人间奇迹！这是中国人民的伟大光荣，是中国共产党的伟大光荣，是中华民族的伟大光荣！"

文化基于民族发展的渊源。一位杰出的领导人或者一个杰出的政党要对人民负责，对历史负责，对文化负责。一个能够开创历史的政党必定会开创出新的时代文化。这不是空中楼阁，从中国的历史中，我们可以看到中国共产党的成功在于没有脱离中国社会的实际情况。中国从第一次国内革命，到新中国的成立，从改革开放到今天的摆脱贫困，中国的社会结构在发生着变化。

生产力的变化决定了社会结构的变化。这些变化基于政策对移民和贫困地区的帮扶均按照国家的最高标准实施。我们可以从宁夏西海固帮扶后的效果来看，他们的生产环境和设施都是按照国内最高标准进行建设的。

心灵和思想的变化

脱贫，这是中国农民从本质上改变自己和社会发展关系的一次历史性转变。一个贫困农民，在脱离贫困后，他想到的是自己所走的路如何与发展中的社会接轨。他们的后代已经离开故土，在外务工，这些务工的新农民带回来新的认知。但他们一旦重归故土，新的认知就会被眼前的环境拉回到现实。随着脱贫工程的推进，故土的变化让他们得到了依托，一种新的环境与新的认知在广阔的中国农村生根发芽。

故土的变化

我们观察存在贫困户较多的村，来看他们这些年的变化。湖南省有两个自然村，共 864 户，3006 人口。其中贫困户为 126 户，贫困人口为341人。这两个村地处崇山峻岭，每人仅有6分地可以种植。3006户人口中，年轻人还不到2000人。这些年轻人没有一个守在自家的土地上，他们都先后一一离开了故土，到中国改革开放最繁华的地方谋求生计。村里剩下的均为50岁以上的中老年人及儿童。在这些中老年人群中，有三分之二的人选择在县城或者县城附近打工，这样既能够解决生活问题，又能照顾家庭。当然，这样的打工收入毕竟是有限的。据调查，这个自然村126户的贫困户在帮扶过程中，有的人自觉地接受帮扶指导，根据帮扶干部指定的项目逐步适应了种植新的农作物，有的在帮扶干部的指导下从事养殖业，有的到企业的扶贫车间从事力所能及的工作。第一年，贫困率下降45%；第二年下降21%；第三年，贫困户完全实现了脱贫。

另外，一些外出打工的农民，返乡时带着资金回乡创业，理由是，村里帮扶的农作物可以为他的创业提供可靠的支持，而且村里的劳动力比城市低廉。这些返乡的农民很快就进入了创业阶段，他们的思想观念随着生活水平的提高，对自身能力的认知，以及对社会实践的感悟，他们对自己的未来都有具体的、目标明确的想法。湖南省的这两个自然村，逐渐进入了另一个境界：不是脱贫，而是致富的问题。这就是习近平总书记提到的“奔小康”的目标。

2019年春节，回乡探亲的农民工周长富找了半天才找到自己的家。村里的旧房子消失了，平日里因为工作忙，乡村改建时他没有回家，一年的时间，竟然找不到自己的家了。他对村里这惊人的变化感到震惊，重新看到了希望，他认为可以在这个养育他长大的家乡，完成自己的梦想。

他和年迈的父母面对面的交流不再像往日那样，仅仅谈论维持基本生活的问题，现在他们可以聊聊家里这些土地应该如何产生较好的经济效益等有关问题。

“过去，春节回来，和父母聊天就聊些最简单的，比如，我给你们的钱够吗？”父母总是满足地回答：“够啦，你在外面不容易，身体要照顾好，不要想太多……”

现在，父母和他聊的是：外面的世界是什么样的？要规划一下未来，把今后的路走好……你认为，家乡有什么项目可以致富的？

过去和今天，同样的春节，同样的人，但他们的眼界和对生活的态度却因脱贫产生了很大的变化。

思想的变化

回乡探亲的农民工周长富改变对家乡的认知，主要是改变了他对土地的认识。两代人的距离没有因为时间的推移而越来越大，而是越来越贴近。这些变化不仅仅是一个周长富的改变，也代表了一批在外为了生活而拼搏的中国农民的变化。

在广东省连平市，一位农村妇女实现了自己的创业梦想。她在银行贷款 30 万元做大棚蔬菜的养殖。她种植的蔬菜远近闻名，供不应求。现在，她最急需的是有更多的资金来拓展事业。针对这种情况，深圳南山区的帮扶干部表示，只要你坚持创业，我们一定想办法为你服务。当我们第二次来到她的蔬菜大棚，她不再是一个人在大棚里劳作，而是5个人。她可以雇佣劳动力来完成500亩的蔬菜种植。她完成了从小农业主向微型企业的转换。这种转变，和深圳南山区派去的帮扶干部的支援有着密切的关联。就在她的菜园里，扶贫的队长和干部针对她的发展屏障做出了帮助她贷款30万的决定。她却战战兢兢地看着大家，心里忐忑不安。她想到的第一件事就是:“我什么时候能还上这笔钱呀？”帮扶的干部耐心地就她目前的情况进行了分析:“你现在是200亩，收入是40万，如果是400亩，那就是80万……你想着这30万可以变成60万，该是一件多么令人欣喜的事呀！”经过一夜的思考，她接受了30万的贷款。她尝试着和市场对接，市场教会她从简单种菜到科学种菜；从简单卖菜到程序化卖菜。如何让自己新鲜的蔬菜摆到超市的菜架上，如何与政府的政策对接，创造出新的价值，这看似一个简单的模式，其中的过程却透视出这位农民思想观念上的变化。

“现在想想，过去真傻，跟不上社会发展的步伐。”这位农村妇女说话非常坦诚。一个“傻”字，把她过去的生产方式予以批评与否定了。“说白了，傻在不懂怎么赚钱。以为靠勤劳就可以了。不知道勤劳只是创业的基础，还要和市场对接，懂得种菜还要懂得卖菜。”她强调了这个“卖”字。这位农村妇女观念的改变不只是对自身产品生产的认知，更多的是改变了思想观念，进入了一个适合自身发展的认知。令人振奋的是，她开始重视自己文化素质的提高，开始从事力所能及的社会活动。她说:“我想知道的是一个全新的世界，一个很快乐的世界。每天要学的东西像每天冉冉升起的太阳那样令我眼前一亮。”这话让笔者从传统的认知中顿悟。我想，我们是否要在这场扶贫的历史进程中重新认识一下中国的农民呢？

这种扶贫的效果与以前截然不同。过去是“等、靠、要”，现在是自觉寻找自身的未来。尽管他们脚踏土地，但仍然信奉勤劳是基础，依然是用辛勤耕种的方式在自己的土地上赚取生活的资本。但唯一不同的是，他们开始创造一个属于自己的全新生活。扶贫的过程改变了他们对现实生活的认识，让他们看到了光明和希望。这种根本性的变化，决定了农民生活态度的变化，决定了农民素质的整体提升。可以说，在一定程度上影响了中国未来农业发展的方向。

人口素质的变化与生产力的关系

我们从闽宁镇出发，审视这场扶贫中的社会关系发生了哪些变化。目前闽宁镇人口约 5 万，基本来自宁夏的贫困山区。他们受益于中国政府的移民扶贫政策，这些政策彻底改变了他们的生活状况。因为新的土地，可以使农民获得最基本的生活资料，彻底解决了他们的生活问题。生活解决了温饱问题后，闽宁镇的农民并没有一直沉迷于传统的农业劳作中。在今天的闽宁镇，各种不同层次的服务业令人应接不暇，个体小商品店、农产品店、家电维修店等也应运而生。这些曾经的贫困户，从刚开始移民的适应阶段进入了发家致富阶段。整个社会结构的变化让他们重新看到了新的希望。

在宁夏闽宁镇，政府努力打造的葡萄酒产业基地就是一个成功的案例。当地的葡萄酒产业基地让闽宁镇乃至整个宁夏的老百姓都看到了生活的希望。中粮集团打造的葡萄园基地以庞大的气势出现在贺兰山下，成为宁夏老百姓的骄傲。大型国企进驻闽宁镇，就像一面旗帜召唤着这里的人们。在闽宁镇的建设过程中，福建省委省政府已经为其发展储备了大批的闽商进入闽宁镇，如服装业、食品加工业、药材加工业等企业，形成一个蓄势待发的新型乡镇。闽宁镇需要大量的技能工人，而这些已经摆脱贫困的农民对此也看到了新的希望。他们放下地里的农活，去车间和厂房获取生活的资本。在这里打工的农民不受任何自然环境的影响，顺理成章成了企业的工人，由此，产生了一个特征鲜明的群体——本土农民工。他们的特征是来自本土又成长于本土，具有浓厚的乡土人文气息，和新兴的乡镇有着深刻的文化渊源。因此，他们的出现为两省的合作交流奠定了坚实的社会基础。这些农民工和闽籍的企业存在着无法割舍的关系。福建企业家进入宁夏，开启了闽宁合作的模式，开创了中国东西部合作的历史。

20世纪80年代末，福建省和宁夏回族自治区进行第一次交流合作，福建晋江等民营企业向宁夏“招收”工人，第一批为200名。这个决定对今天而言具有跨时代的意义，可在当年却是失败的案例。因为，当时宁夏的年轻人没有过这样的经历，他们在政府的引导下来到福建的晋江等地，遇到的最大挑战是饮食问题。对于有和宁夏农民相同信仰的晋江、泉州人并没有满足他们具体的要求，在很短的时间里，这些宁夏的“工人”便纷纷返乡。

后来，随着改革开放的深入发展，宁夏的年轻人眼界也变得开阔起来，他们逐渐奔向全国各地，具有优惠条件的福建企业便吸引了不少宁夏的年轻人前来。为了寻找这段历史的印记，我找到了几个当年在泉州和晋江打工的宁夏农民。说到两省交流这件事情，他们的脸上都显露出一丝尴尬的表情。虽然往事不堪回首，但在他们心里却积压着一种特殊的情感。

在交谈中，终于有人用笑声打开局面，这个人接近 50 岁的年纪，他看着我，笑着说：“您一定来过我们村。”

周围的人都把目光落在我的脸上，我的脸立刻火辣辣的。他接着说，您当年和福建省里的几个领导到我们村，后来我们就去了福建，时间并没有抹去他的记忆：“你当时还扛着摄像机。”我的记忆立刻回溯到 1998 年宁夏西部的早春时节，当时，我们在一户农民家里了解水窖的事情……

我问他：“您去过福建打工？”

他指指周围的邻居，回答说：“我们都去过。我只待了 3 个月。”

其中有一位年纪略大些的长者说：“我那时候是第一次离开家，一走就离家那么远。有时想家都想哭了，我很快就回来了。”

“当时到了福建，很多地方不习惯，首先是语言不通。倒是学了点技术，可一想，家不在这里，家乡又没工厂，学这些有什么用呢，还是回家吧。”

那些往事早已化作了尘埃，但他们的后代却做出和他们不一样的选择。

“我和我老婆就是在福建打工时认识的。开始在那里生活很不习惯。可福建的老板对我们很好，住得好，吃的也好，每周还有文化活动……”

交谈的场面瞬间活跃起来。这些在福建打过工的宁夏农民，绘声绘色地讲述着自己的故事，其中有羞愧、有自得、有内疚、有自豪。有人大声地说：“我当时还拿了技术奖，我家里还保存着证书呢。”

“我也有证书……”

这次小型座谈会顿时达到高潮。大家都用技术能手来掩饰自己曾经的“逃避”之耻。如今，他们早已走出贫困的阴影，开始以成功的经历来告诉后人。

随着改革开放的不断深入，整个西部地区也卷入改革开放的历史洪流中。劳动力的输出成为西部地区的重要资源。这些从宁夏走出去的农民已成为第一代的拓荒者，同时他们也是宁夏经济和科技发展的主要力量。

闽宁镇的企业在自身发展中需要提升职工的技术水平来适应企业的发展。20 多年来，闽宁两省协作，根据两省的社会需求开办了许多专业技能的培训，培养了大批工人，以此来适应现代企业和现代农业的发展。培训的方式有两种：一是闽宁镇的工人到福建的企业进行培训；二是福建的专家、技术员到闽宁镇亲自教授技能。

技能的推广

目前，社会正处于一个历史的交汇口，而且在经济高速发展的中国，交汇口一个紧接着一个。从早期的电视机、电冰箱的生产，摩托车、汽车的制造，再到今天先进的电子产品出世，经济的快速发展让中国农民应接不暇。但中国农民依然凭借着自己的勤奋好学紧跟时代的步伐。虽然他们已经摆脱了贫困，但前方的路依然需要这些农民再次挑战自己的生存能力。这个能力要比脱贫的过程更具有挑战性。于是，技能培训成了这些农民的必经之路。因为他们清楚地知道，在脱贫的过程中，那些身怀“绝技”的同伴一直走在他们的前面。比如，一些木匠、泥水工等技术工很受欢迎。当然，今天的技能不再是传统的技能，而是适应于社会发展的技能。自古名言“技不压身”，有技能不愁没饭吃，这是中国老百姓最爱对子女们说的话。对于靠天吃饭的农民来说，更能切身体会到前辈老话的价值。我们无法用时间做出具体的分隔，但从他们所经历的过程中，可以看到中国经济发展的清晰脉络。

“过去看电视机，觉得太神秘了。我们这些整天在家里煮饭，照顾孩子的女人怎么也没想到，我们在工厂制作的零件就是电视机和机器人身上的零件，这简直太奇妙了……”这笑声飘荡在她们回家煮饭的路上，笑声里透出自信和满足。还有的妇女说：“现在，我可以骄傲地跟我孩子说，电视机里有个零件是妈妈做的。”普普通通的一句话，表达出她的喜悦之情。她们做梦也不会想到，贫穷了这么多年，今天自己可以为现代的工业生产做贡献。随着时间的推移，在她们中间，就会出现一些佼佼者。在湖南通道县一个路边的厂房里，一名姓吴的中年农村妇女被服装厂的老板任命为车间副主任。

她羞涩地躲着大家的掌声。这意味着她每月的工资要比其他的员工多1500元。她告诉我，这不是钱的问题，这是荣誉，是尊严。厂房老板告诉工人们:“只要学好技术，就能改变自己的收入。”在这些工人中，有的曾经在福建、广东等地从事过技术工种；有的则是在北京或上海担任过具体的操作工种。他们在实践和培训中掌握了一定的技术。这些人群中有年轻人，也有已经成家的中年人，他们构成了农业发展中的骨干力量，是推进和提高社会文化的主要元素。

一个在村级服装车间打工的妇女，返回村子时，经常在村里寻找她在工厂里亲手做的校服，她还对村口休闲的老人讲述车间里的故事。她自豪地告诉大家，孩子们穿的校服都是出自她们的手。她回到家，边煮饭边看着儿子的校服，仔细观察校服哪里做得不好，再把不好的地方一一记录下来。第二天，她把这些需要改进的地方带到车间，和姐妹们商量如何把校服做得更完美、更实用。

这些曾经走出贫困的妇女们，对自己的工作精益求精，对自己生产的产品要求也越来越严格。与此同时，她们的内心世界也发生了巨大的变化，生活内容不再是厨房和田地。她们在思考如何通过自己的劳动让家庭生活得更加富足。

在福建企业家投资的企业中，我们经常可以看到一些宁夏农民能熟练地制作纺织产品和电子产品。

据不完全统计，在中国的每一个贫困地区，每一个乡镇，都举办过技能培训。参加技能培训班培训的高达数千万人次，培训内容包括服装、厨艺、栽培、纺织、修车、家电维修等。仅一个乡镇，每年的技能培训不少于50期，每期不少于50人。当然，这样的技能培训班也和社会发展一样，经历了一个曲折的过程。只有在每户农民真正得到实惠后，才形成一个自然的社会需求形态。

“现在我希望我的孩子能够好好地掌握一门技术，这样的话，他将来可以养活自己。”这是在操作纺织染色工序车间，一位回族大姐说的话，“一技在手走天下。”说完后，她腼腆地笑了。

一个工厂的保安坦诚地告诉我们：“过去在地里干活，我们是主要劳动力，可现在，如果没有技术，就不会有安全感，心里会很恐惧。”

家门口的工厂——宁夏闽宁镇的富贵兰服饰加工车间（钟培源 摄）

“他能创业，他能靠自己的本事让生活富裕，我为何不行？”这是大家共同具有的思维。

“他每年能赚 50 万元，我为什么不行？”这是第二步的想法。

“他能当老板，咱们怎么就不能呢？”这是第三步的思维。

面子和尊严以及内心深处的较量，这是人性的体现。而准确的选择与判断是每个人都具备的基本功能。这一切都随着脱贫发生了改变。

从农民到技术工人，从依靠土地、看天吃饭到生产社会需求的产品，从简单的操作到技术的使用，中国农村人的素质发生了巨大的转折和改变。这些改变演绎着人类历史上意义重大的一次文明进程。因为一些农民重新认识了自己和自己潜在的价值。

递进式的结构

在政府的政策指引下，农民的理念逐渐变了，他们生活贫困的现象也消失了。随之而来的是未来的路，明天的事，还有下一代的成长……他们与过去绝望的日子挥手告别，进一步思考未来的生活，这证明了环境与人、政策与人的关系。一个正确的决策，能够改变人的观念，能够除旧迎新。

宁夏红寺堡第一代移民的农民始终对老家有着一丝的感情牵挂，他们曾经带着自己的第三代“回家”，却遇到了麻烦。他们的第三代已经无法在他们曾经生活过的地方生活。第三代首先遇到的问题是：“爷爷，厕所在哪里？”

老人家告诉孙子:“外面的那个就是。”

孙子上完厕所回来告诉父亲:“爸爸，我们还是回去吧！”父亲问:“为什么刚来就要回去？”

儿子一句话把爷爷和父亲搞蒙了:“没有冲水，那么臭！”

孙子指着曾经住过的窑洞惊呼道:“你们当年住在这里，是怎么生活的？”孩子们惊诧的表情让长辈们茫然。仅仅经过20年的时间，下一代人对以前老一辈的生活竟然如此不解。

最小的一个孩子问了一句:“你们为什么要住在这里？为什么要自讨苦吃？”

紧接着，其他的孩子也发出各自的疑问:“这是做游戏吗？难道这样的生活仅仅是为了励志？”

“你们的经历没有必要告诉我们。我们还是想想明天该做些什么吧。”

尽管这些孩子说话的语气令人难以接受，但表达了第三代年轻人对故土的理解。

20多年，三代人的隔阂。这种简单的问题，却让人陷入深深地思索中。似乎厕所问题与社会结构的变化没有太多的联系，但三代人的理念却让人们想到他们之间的差异。爷爷对着承载他半辈子情感的老屋感叹，父亲和母亲都是在这土屋里成家的，唯独第三代是在移民新居里出生长大的。但老一辈还是为孩子改变了计划，第二天，一家人不得不按照孙子的意见回到了闽宁镇。

这种变化先从眼睛看到的开始，再到心灵上的转变。我们对此不能判定谁对谁错。但从这里，我们可以看到移民的内心世界所发生的变化。第一代移民的老人常常坐在闽宁镇那个美丽的广场上叹息着："现在的孩子根本就不知道自己是从哪里来的，即便让他们回去看看老一辈生活的地方，他们在那里，一天也待不住。"

同样，在另一户家庭里，却发生了这样的争执：是关于高考志愿填报的问题，是选择宁夏的大学还是到外地读大学，为此一家人争论不休。儿子（考生）坚持："我就是要到北京读大学！"态度异常坚决。最后还甩了一句："你们就是鼠目寸光，请看远点。"孩子的选择让做农民的父母惊叹，他们没想到自己的孩子会做出如此大胆的选择。

父亲对此非常生气："才读几本书就敢批评我们！"母亲接着父亲的话，说道："你不会修路就想架桥？"

儿子急了："反正，我就要去北京！"

父母无奈之下妥协了，留下一句话："往后的路靠你自己了，我们都是农民，帮不上你什么。"

儿子也很懂事："爸妈，我知道家里的情况。镇里有扶贫教育奖励的钱，我也会自食其力的……"

从这个考生的理想中，我们可以看到宁夏孩子的未来。在他们所规划的未来生活中，已经完全走出父辈们的局限。他们看得很远，眼界也很高。他说："我认同父母的意愿，我是农民的儿子，是第一代摆脱贫困的农民的儿子。就是因为我是他们的儿子，所以我才想走出去，开辟一个新天地。"

“为什么要走出去？”父母问他。

“走出去就是告诉大家，我来自宁夏闽宁镇，我是移民的后代，我是贫困户的后代，但我们已经不贫困了。”

这些话让我一直陷入沉默和思索中……这是希望，宁夏移民的希望，也是中国的希望。因为他们的思想没有贫困，所以人格就不会“贫困”。

这个故事说明了时间和人的关系，移民的第三代对自己的选择与他的父辈相比，竟然发生了如此巨大的变化。我们不具体针对特殊现象，仅就普遍现象而言，这些孩子们选择走出去，就表现出在他们的内心深处涌动着对外面世界的好奇与追逐。而他们的父祖辈，却从来没有想过走出宁夏。他父亲感慨道：“当年，我决定跟随村里的人来这里时，我的父亲含泪送我，他知道，我要去的是一片新的土地，我要为一家人的生活去奋斗。如今，他（指儿子）要走出宁夏，离开贺兰山，我不知道为什么，我想哭，想对着黄土高坡痛痛快快地大哭一场……”

我无法回答这位年龄和我相仿的农民提出的问题。因为，这里面承载着太多的内容，走过的路程太长，可以说，相当于一段人类史。

选择的变化

了解社会的变化和社会发展阶段的现状，离不开对婚姻观的审视。婚姻观是界定一个地方文明和发展阶段的重要标志。移民新居里有很多待嫁的女孩，她们都是在移民新居里长大的，从小就能享受到良好的教育。在节假日，她们会成群结队出现在繁华的银川街头。她们有的做着从母亲那里学到的女红，有的则拿着手机聊天。从她们身上，我看不到一丝来自贫困山区的影子。

她们的对话值得人们去思考。

“我妈给我介绍了一个对象。”

“我也是，咱们都到结婚的年龄了，是不是也该找对象啦？”

“22 岁，还早着呢，明年再说。”

“爸妈是爸妈，他们和我们的观念不一样，他们面临的就是土地和粮食。他们的意见仅供参考，就把他们的意见当作参考消息吧，哈哈。”旁边的一位姑娘笑嘻嘻地说道。

因为文化结构产生了较大的变化，在移民的第二代和第三代身上，关于贫困的痕迹已不存在。她们开始寻求另一种的恋爱观。他们的文化程度分别为：技术学院、大专、本科等。她们学的专业有幼儿教育、电子信息和葡萄酒制造等。

有一次，我偶然听到了在葡萄酒业和酒店业从事工作的移民第二代或第三代的聊天内容，使我更加深入了解到他们的婚恋观。

“如果我可以自己做老板的话，我一定做最好的酒。至于老婆要找啥样的，我认为善良、贤惠、持家是最重要的。”

“如果出现一个十分漂亮的女孩，她不一定会持家，但很善良，你怎么选择？但她经济很独立……”尽管他们的聊天语无伦次，重点不突出，但言谈举止间却反映出他们的择偶观念和生活态度。

“没有完美，也没有不美。根据自己的标准来界定和选择就好了。我们的父母当年没有条件选择，几十年也就这么过来了。”

“大家都能自食其力，都能包容和接受对方的缺点，那就是最好的。不能像父辈那样，女人只能依靠男人过日子。”

年轻姑娘们选择对象的标准与她们长辈们相比，已截然不同。她们的母亲当年只追逐着水窖大的家庭，其余可一概不论。而她们追寻着新时代的恋爱观，这种恋爱观在两代人之间的差别足以证明了环境与人的关系。几乎所有的关系都随着时代而变化。这个变化正是新的关系在移民社会里产生了新的生活观念。如今，由于眼界的不断拓宽，他们对生活的选择空间越来越大，所接受的观念也越来越多。

笔者有幸得到一对新人的许可，参加了他们的婚礼。男方年龄25岁，女方年龄27岁。这个年龄的差异对于传统的宁夏人还比较少见。他们相识于网络，能走在一起的原因是“谈得来”。男方从事家电维修，女方的职业是超市收银员。所谓“谈得来”究竟是什么，应该是生活理念的一致吧。

“他靠自己的技术可以养活我们俩，我的收入可以为今后孩子们的成长做保障。如果我们有机会能够赚更多的钱，那我们的日子就更好了，一切都要靠我们自己去奋斗。”

他们与父辈们的想法完全不一样了，他们把“谈得来”的模糊概念具体到情感生活中。但两辈之间还是有相同之处的，那就是新娘说的："生活要靠我们自己。爸妈他们那时候没得靠，就得靠天靠地，我们选择的空间就很大了。"

"我们今天生活得很快乐，今天的我们和明天的我们也会发生变化的。"

"我们在逐渐的变化中去选择自己的路吧。我坚信，生活会越来越好的。"

这些移民的第二代或第三代带着自信，跟着时代的潮流向理想的彼岸前行。他们身上的符号"移民后代"，已经随着太阳和月亮不停地交替而消失在时空中。

一个政党的英明决策改变了一个人，一群人，改变了一个村庄和一个乡镇，直至一个地区和一个国家的命运。宁夏回族自治区和全国各贫困乡村都在记录着变化的命运。

人文的变化

一场全国性的扶贫工程，富裕与贫困在一些乡村密切融合。挂职干部、志愿者的出现，让贫困和寂静的山乡出现了新的气象。不同社会环境的生活态度也在此相互包容。传统的土地文化有的在慢慢沉淀，有的则慢慢被遗忘。

让人们好奇的是，贫困地区的文化为何这么快就被他们自己遗忘。因为这些印迹只和生活在那个地方的人有深交，在宁夏贫困山区生活的农民，精神上并没有贫困。而在移民后的环境中，他们接受了贫困以外的生活，看到生活变化对自己的影响，很快就认同了新的生活。因为土地上种植的植物为他们创造了更大的利益，年轻的一代人已改变了自己原先狭隘的思想观念，去追求另一种更好的生活。

这个变化来源于国家的政策，来源于习近平总书记提到的“精准扶贫”，来源于每一个扶贫干部的努力。精准，就是从贫困户的具体情况入手来扶贫。也就是把贫困户的贫困根源找到了，并彻底改变了贫困户的生存环境和思想观念。

一些贫困户具备优良的文化传统，他们善于用传统的方式表达自己的情感，即便是穷到只能吃上土豆也要用高昂的秦腔演唱来表达自己对生活的期盼。环境改变后，他们在延续传统的基础上继续传递着对生活的希望和信心。

政府开始实施帮扶政策后，国家下派了一大批村干部。这些下派的村干部在这段历史中发挥了重要的作用。下派在红寺堡的村干部中有张凤丽、李娜、马如兰等一些人。

她们活跃在中国农村的第一线，把青春和汗水献给了那些需要帮扶的贫困家庭，帮贫困户一起走出贫困的处境。在扶贫的过程中，一些扶贫干部还把开放地区的生活理念传播给贫困山区的老百姓，拓宽了当地农民的视野，让他们亲历了改变的过程，同时扶贫村干部和贫困村民也建立了深厚的感情。

扶贫干部张凤丽和枸杞种植户南秀娥就是这样一对知心朋友。张凤丽得知南秀娥种植枸杞，便为她在网络上查找资料，并把这些资料打印好亲自送到南秀娥的手里。南秀娥在种植中遇到任何问题，就去找张凤丽求助。这样一来，南秀娥不仅从张凤丽那里得到种植知识，还了解了张凤丽的家庭生活以及这些挂职干部的艰辛。她们对挂职干部的感激之情由此而生。南秀娥从简单的农家生活向城市生活靠近，接受并体验了城市文明的生活方式。她把赚到的钱，在城市里购买了房子，让公婆带着孩子到城里的学校读书。目前像南秀娥这样的农民很多，他们想尽一切办法让孩子接受良好的教育，这也成为大多数富裕农民的目标。

在社会发展中，有个词语叫“融合”。在近 20 年的扶贫、脱贫历程中，在中国这块土地上产生了一支强大的扶贫队伍。在这支队伍里有国家干部、技术人员、人民教师、医生等。他们放弃现有的安逸生活，千里迢迢来到边远的贫困地区，带着党和国家的重托，带着现代的科学技术、健康的生活方式和医疗设备，带着他们的爱心踏遍边疆、高原和沿海地区，走进了千家万户。他们不但帮扶贫困群众摆脱贫困，还及时把一些新思想新观念传递给当地的村民。这支扶贫干部队伍在履行使命的同时，自身也对国情有着深刻的理解和体会，当他们返回到原工作岗位，心理上也发生了很大变化。我们来听听他们的心声：

“实际上，挂职这 3 年对我影响很大。我明白了做任何一项决定都要联系实际情况，不能盲目凭借着所谓的知识理论来做决定，必须亲自实践，才有意义。”

“在挂职扶贫的闲暇时间，我会带着自己的孩子在这里小住，让孩子来了解农村的生活。他们和当地农民的孩子交朋友，孩子之间也建立了友谊，收益很大。孩子深受教育和启发，以此为题材写的日记、周记被老师评为优秀作文。”

“我有时也带着我帮扶对象的孩子到我家住几天，让他享受城市孩子的玩具和文具，开阔一下眼界，见识一下城市的生活。”

扶贫干部对贫困户的帮扶，缩短了贫富差距。同时，也给贫困户带来了新的理念。王瑞刚是移民家庭。2015 年，他靠自己打工积攒下来的钱办了一个名叫夏犇的养殖公司，他首先考虑的是结合本村实际情况，让贫困户不出门养牛挣钱。他把自己的想法叫作“扶母返犊”，就是一头基础母牛价值 1.6 万元，农民自己出 8000 元，农民把牛牵回家养殖，母牛产下牛犊，按高于市场的价格回收。这样养殖一头牛的农户最低收入可达 3000 元左右。从根源上解决了贫困户的实际困难，同时改变了他们的等待意识，使他们有了自己努力的方向。

王月英，这个没有出过门的农村妇女，平时生活中，每花一分钱都要向家里的男人要，家里的男人在外拼搏也十分辛苦，于是王月英就和村里的姐妹们提议：“我们不能这样了，只会伸手向男人要零花钱，花钱也不自由，我们要自己挣钱养活自己。”她带领姐妹们走进中粮集团的葡萄园，在葡萄园干活，每天可以收入 50 元。如果在葡萄园的各项技术都非常出色，收入会逐步增多。王月英聪明能干，她在妇女中的影响力越来越大，跟随她走出家门的妇女也越来越多了。于是，她办了劳务经纪人资格证，买了辆大巴士专门接送劳工上下班。她是闽宁镇出了名的“铁娘子”。她带领的这支务工队年收入达200万元。

村民们惊叹地看着这些巾帼英雄，心里暗暗赞叹道："考虑问题能想到大家的人，路一定会走得更远。"

这些女人们用智慧和勤劳来迎接困难，解决困难，让自己过上了富裕的日子。

一个体验过城市生活的孩子，回到脱贫的村庄，母亲问他："喜欢那里的生活吗？"母亲以为孩子会给他惊喜的答案，没想到孩子的反应是："还好吧。"

"嘿，人家请你去住了快一个月了，你就这么一句'还好吧'？"

"事实就是这样啊，他们的电视和我们一样，都是55英寸的，小车嘛，比我们好点，房子比我们小多了。"

母亲说："我们的房子就是他们帮助盖的，你应该记住他们。"

"嗯，我知道。那时我都4岁了，记得的。"孩子沉默片刻："他们的图书馆好大啊。书很多，一座楼里全是书……"

"咱们村里也有图书馆啊。"

孩子不屑一顾："妈，您太土了吧。我们这里的怎么能叫图书馆呀，就是一个屋子。那里的书，我都翻了好几遍了。"

这个孩子的父亲在银川打工，每月收入5000元，母亲在地里种植枸杞，年收入4.5万元人民币。这在宁夏红寺堡，生活标准属于中等水平。基本相当于城市里的白领阶层。他们与15年前的生活相比，感觉像在梦境中。而他们的孩子，却在满足物质生活的基础上提升了对精神生活的需求。

2018 年和 2019 年，我在西藏的林芝和昌都采访时，看到当地的很多中学生随身携带电脑查资料。在阿里或者那曲的牧场上也能看到手提着电脑的小牧民。在脱贫工作的推进中，农民和牧民感觉到自己太闭塞了，不了解外部的世界，也认识到接受信息的重要性，他们自觉地学习先进的科学知识，把自己融入新生活中。

每个国家的任何一个政权都以完成城乡之间、贫富之间的差距为目标。因为这个目标能缓解社会矛盾的尖锐化，保证社会的和谐发展。

中国扶贫、脱贫完成的不仅仅是经济目标，更重要的是，一个新的健康的具有中国特征的文化开始形成。这个文化体系的建立决定了这个国家的未来发展方向。

福建省宁德市扶贫成功的事实证明了中国扶贫政策的英明。当年宁德市 83% 的村庄上交公粮都只能交出地瓜，被国家界定为整体性贫困。如赤溪村、猴盾村、下屏村、下党村、下溪村都属于中国极度贫困村。如今这些村成立了合作社、股份公司，以及村级企业等。旅游、民宿、摄影基地、渔业捕捞和加工业到处可见。福建福鼎白茶的继承与发扬推动了当地的区域性经济发展。宁德人的思想也开始发生变化，当地农民的人均收入从原来的千元，到今天的万元，有的竟然达到几十万元人民币。福建省长汀县，从昔日灾难频发的荒山，发展到今天的绿色覆盖，速度令人震惊。

福建省长汀县无污染工业的构建，呈现出一个生机勃勃的红色老区县的形象，一个以客家文化为代表的县不仅消灭了贫困，还保留了他们自身的文化并逐步向高科技领域迈进。

新时代必定会带来新的社会形态，新的社会形态的核心不只是住新房，开私家车等，而是新的人际关系的形成。

在湖南省怀化市鹤城区黄岩村，有个村民名叫杨英兰，他的故事很鼓舞人心。他带着村民把当地的旅游产业推出湖南，走向全国。杨英兰很骄傲地告诉大家："我们村民之间过去为了一寸土地都要争得面红耳赤，甚至大打出手。现在，生活富裕了，看不到他们为了一些小事到村里来争吵了。"

我们曾经用词不是很准确，对村民之间的争执常常认为是"小农意识。"所谓的"小农意识"指的是目光短浅的人。这种说法是否将被取代还有待时间来证明。

如今宁夏的红寺堡，这座新的移民县，一个个葡萄园和酒庄令人震惊，红寺堡县委县政府 2011 年就制定了英明决策，引进了全国体育赛事——航空航天模型锦标赛。赛事带动了城市的经济，更重要的是它打造了一个地方新的社会形态。红寺堡的群众一直维护着城市的尊严，他们自觉地履行公民的道德义务。一个县城，举办一场大型的全国赛事，无数支志愿者的队伍为赛事服务，为当地树立了典范。如今在红寺堡，一个近 30 万人口的城市，每年各种刑事案件几乎近零，各类的民事案件还不到 3%。遵纪守法已成为当地人们一种自觉的行为。在红寺堡，有一位人物让人们惊叹：他是农民书法家李忠勤，在最穷困的日子里，他依然坚持练习书法。让人惊叹的是，他用自己的书法抄写了中国共产党第一次全国代表大会到第十九次全国代表大会的报告，以表达对中国共产党的热爱之情。现在，他生活得非常安逸，日子过得很惬意。他最爱写的大字是：共产党好，黄河水甜。由他书写的苍劲有力的这句话，在红寺堡的大街上随处可见。

2019 年，在庆祝中华人民共和国成立 70 周年之际，宁夏红寺堡村民高显月用自己富裕后的收入制作了一面大鼓，叫盛世通天鼓。鼓重达 700 斤，他说："敲起来的声音，方圆百里都能听到。"他要把这面鼓献给祖国……在宁夏红寺堡，人们经常听到当地老百姓用秦腔在各地舞台上演唱农民的新生活。当地形成一支强大的民间文艺创作队伍，文学作品、戏剧作品、传统的刺绣工艺品等令人应接不暇……这些作品都在讲述他们从贫穷到富裕的故事。他们所表达的都是移民后农民新生活的美好情景。

宁夏盐池县曾记畔村脱贫的故事，表达出对建立中国农民的信誉制度的重要性。在实践国家政策的同时，对人文的关注也是中国社会亟须思考的问题。如何解决社会发展中的人文关系，这比经济扶贫更为重要。人的意识决定了人的生存状态。村支书朱玉国在解决了贫困问题的同时，还建立了一个公平公正、平等相待的人际关系。曾记畔村的发展速度还可以证明朱玉国的决策是精准扶贫与全面经济发展的成功结合。

在湖南省通道县万佛山镇木脚村，吴菊凤带领村民种的那 200 亩菜园子是村里一道亮丽的风景线，园子里种满了各种蔬菜，表面看上去只是一种新的农业产业形式，其实她把城市和乡村巧妙地连接起来。农民直接和城市市民对话，他们可以深入到城市的生活，看到城里人的生活方式，从而得到启发与引导。村里人与城里人的交流也进一步深入和具体。

“过去，我们对城市人的生活方式只是知道一些而已，现在我们把菜送到他们家里去，能看到他们需求这种菜的原因。他们需要什么品种的蔬菜，我们就会根据需求，考虑明年种这些蔬菜，并保证菜的品质让他们放心。我们时刻根据客户的需求而改变自己，和他们紧密地联系在一起。他们的语言、举止也感染了我们……”

在帮扶的过程中，城市居民和农民也产生了深厚的感情。城里的居民说：“农民很辛苦，很朴实，我们在寒暑假会把孩子放到他们家几天，让孩子去见识农民的劳作与生活，与当地孩子交流。”虽然县城与山脚下的村子仅有 15 公里的路程，但因环境的缘故造成了人与人之间的隔阂。

在扶贫的进程中，许多扶贫干部都把自己的子女和妻子带到扶贫点，让他们接触当地的贫困村民。在他们之间构建情感的桥梁，建立起一对一的帮扶机制，构建一个和谐的基础社会。由此，二者产生了新的关系。这种关系的建立为城市和乡村的共同发展奠定了良好的社会基础，促进了双方文化的融合。

生产力的变化

中国农村在扶贫、脱贫攻坚战中引进了企业，引进了先进的农业技术，对推进中国农村现代化的进程发挥了积极的作用。他们从内心世界的局限到开阔的视野，在认知方面发生了巨大的变化，这也就是社会学家们提到的：人文结构的变化。农民逐渐走向独立，走向自由。他们带着自身艰苦奋斗的精神，带着知识与技术和新的思想，寻找自己的希望。上述故事足以证明这些变化是不可低估的，代表着一个新时代的到来。

宁夏武河村通过种植葡萄，使当地农民在 2018 年的可支配收入达到 7778 元。

宁夏玉海村通过种植玉米发展养殖业，农民的腰包在短时间内就鼓了起来。

闽宁镇双孢菇的种植运用了工厂化的栽培示范基地，使闽宁镇的经济快速发展。这个基地位于闽宁镇闽宁扶贫产业园内。该基地年产 2000 吨的双孢菇，年加工达到 800 吨，安置就业人数每年为 200 人。它是由闽宁两省合作经营的。闽宁镇不但在技术上解决了问题，而且还在销售上解决了困难。它的模式是：公司 + 农户，生产 + 加工 + 科技。

在扶贫的进程中，一些创新的合作模式令人惊叹：比如，村集体经济与公司投资利益的合作方式，黄岩村的旅游开发模式，科技和原料为股份的合作模式，以租地与科技合作模式的枸杞生产等，在扶贫和脱贫进程中各显异彩。山东一些企业直接对接扶贫县，用企业的优势带动贫困县的脱贫等，其核心是社会生产力的变化，即完成农民从简单的劳动到复杂劳动的转变。这种变化的根本原因是社会生产力的提高。

闽宁镇禾美扶贫车间正在直播枸杞的包装过程（钟培源 摄）

从宏观上来看，各地扶贫利用地理优势，地方政府与大型国有企业合作，带动了产品生产链的形成。同时将劳动力充分利用，创造更高的产品价值，解决了贫困农民的就业问题。经过培训上岗的农民工成了真正意义上的工人，这些工人带有清新的时代气息。

另外，在扶贫中，项目的确定与区域经济紧密结合，形成区域经济的一个部分，推动区域经济的发展，保障脱贫户不返贫，为他们奔小康做后盾。这是扶贫工作中解决相对贫困的有效途径。

福建省屏南县是福建省内海拔最高的县，在宁德市经济发展中，属于发展速度较慢的县。屏南县如何脱贫是值得县委县政府深思的问题。福建的霞浦、福安、福鼎、蕉城区有丰富的海洋资源，有民营企业的养殖基地，有享誉全国的白茶。那么，屏南有什么呢？屏南老百姓常说的“山货”，如野生菌菇，备受消费者的喜欢，药材中的党参也闻名全国。这些现实情况如何与整个宁德的经济链接，相互渗透，相互融合呢？

另外，旅游业也是许多乡村选择脱贫的重要项目，随着市场经济的延伸，屏南人选择了与福鼎的太姥山、霞浦的滩涂以及沿海的沙滩旅游等紧密联系在一起，形成宁德旅游的大格局。为此，屏南人还选择了旅游创新的路，他们把装着屏南特色的农副产品装进礼包，亮出屏南的特色，进入大格局的旅游模式。

在宁夏，还有着一种创新的脱贫方式，叫作“离地脱贫”。当农民离开土地后，面临着严峻的挑战。但他们都有打工的经历，扶贫工作队将此作为帮扶的基础，引导他们摆脱对土地的依赖。

“我今年45岁了，什么工作都干过。”百色市德保县一个企业工人说，“过去给人砌砖、拌浆（水泥），后来因家里需要，我回来了，但地里的那些活养不了5口人，我被迫跑到企业打零工，可还是不行，老人病了一次，家里的钱就不够花销的了。正发愁生计的时候，正好看到有家企业招人，我就来了，在这里一干就是5年，工资也从原来的3000元涨到5000元……我现在有社保、医保，我不想再离开这里了。”

“我要坚持上班。”这是一位贫困妇女的心声。那天，她穿上工作服，在镜子前照了一下，女儿和儿子在她身后用异样的眼光看她："你不下地干活，怎么还这么高兴呢？"

"当然。"做母亲的第一次在孩子面前流露出羞涩的表情。

"我要上班去。"她第二次告诉孩子，提醒孩子，她的身份已经变了。

"您能工作吗？"

儿子的问话显然让她不悦："妈妈怎么不行？不会就学呗。别小看我。"

她走出政府安置的新房，走到院子里看看家里的两位老人。老人静静地坐在院子里，她说："爸妈，我要上班去。"

她重复了三次同样的话。老人漫不经心地应答了一句"嗯"。她走出院子，准备先把孩子送到学校，然后再去上班。她带着孩子向学校走去。路上孩子问她："妈妈，您不是8点钟上班吗？现在才7点10分呀。"

"我提前去单位要学习啊……"她开始意识到文化的重要性，决心通过学知识学文化，来提高自己的认知。

湖南省沅陵县借母溪乡借母溪村有个环形的舞台，这个舞台上的演员都是这个村的农民。他们把发生在借母溪村里的历史故事演绎给游客看。整台戏感人肺腑，让观众读懂了借母溪的文化。男主角彭莫波演绎孤独的单身汉，女主角张千红演绎单身汉借来的妻子。这一对生活中的夫妻成了这台戏的主角。

彭莫波和张千红这对夫妻原先在深圳打工，每月的收入尽管可以解决家庭的贫困问题，但在深圳的所有生活支出只能勉强度日，因为家里还有老人和孩子，夫妻俩就选择了回家。他们白天在地里种植果园和蔬菜，晚上参加演出。如今他们的收入已经超过了在深圳的收入。

不仅是他们，那些戏中的大部分演员都改变了自己的困境，走上了脱贫的道路。戏里的故事每天在山村的舞台上演绎，戏外的人演绎的却是另一种的幸福人生。

时间和环境给努力的人提供了改变生活的机会。他们不再靠天吃饭，不再为日后的生活无着落而忧虑。

从农村生产力转变为工业生产力，农民的收入增加了，农村的生产结构也发生了变化。这意味着农村文化结构的改变。宁夏农民的生活增添了新的内容。一段秦腔里的唱词，足以表达当地农民的喜悦心情。

“一赞领导千里眼，各项规划走在前，站得高看得远，引领全面大发展，绿洲一片空气鲜，人民生活多美满。二赞物质精神都发展，文化传承都有点，文化达人多宣传……十赞为人处世礼让先，穿着打扮多体面，公共场合文明显，公众利益总放前，诚信待客门路宽，幸福生活映笑脸，和谐社会人人赞。”

宁夏的移民们坚守着自己的信念，他们经历过贫穷，经受过穷日子的煎熬。在移民的过程中，人们很难想象他们能继续传承着自己的文化。宁夏的秦腔自古闻名，即便在最艰苦的日子里，这里的人们依然用秦腔高亢激昂地表达自己的情感。他们会在风沙滚滚的山蹙里唱出心中的悲伤，但今天的秦腔却是在深情地讲述他们的新生活。这就是建立在新的经济基础上的意识形态。发自脱贫农民心声的唱词，在宁夏的大街小巷传送。无论在哪里，只要是扶贫和脱贫的地区，我们都可以看到和听到民间文艺团体通过演出来展现他们的新生活。从黄河到长江，从贺兰山到太行山，这些曾经背负“贫困”二字的农民都在表达摘掉“贫困帽子”的喜悦之情。勤劳善良的农民，终于雪洗了数十年的耻辱，放下身上的包袱，在小康路上奔跑着，他们由衷体会到新生活的幸福与快乐，他们在用艺术形式传递内心的喜悦和感激之情。侗族的绣娘们，把自己的幸福绣在丝巾和围巾上。苗族姑娘带着自己的蜡染嫁给自己的爱人。蜡染里的图案，记录着她们奋斗的故事。在新疆、西藏、青海和甘肃，电商的兴起，让许多农民增添了自信，看清了自己努力的方向。

随着改革开放的深入，中国沿海一带的地方进入高新科技产业高速发展阶段，原来劳动密集型产业在市场经济的大潮中不得不离开他们起步的地方，逐步向脱贫地区转移，如服装系列的企业、电子配件企业、饰品和食品企业等。他们出现在帮扶地区，使这个地方出现了加工业。贫困地区特色产品的加工业随之产生，形成一个科学的发展局面。解决了当地农民就业脱贫和发展经济的问题。这样的格局就是 2016 年 7 月 20 日习近平总书记在银川主持召开东西部扶贫协作座谈会所讲到的：“抓工作，要有雄心壮志，更要有科学态度。一是领导工作要实，做到谋划实、推进实、作风实，求真务实，真抓实干。二是任务责任要实，做到分工实、责任实、追责实，分工明确，责任明确，履责激励，失责追究。三是资金保障要实，做到投入实、资金实、到位实，精打细算，用活用好，用在关键，用出效益。四是督查验收要实，做到制度实、规则实、监督实，加强检查，严格验收，既不拖延，也不虚报。”

中国从向贫困宣战开始，截至2019年，中国的农村经济大踏步向良性方向发展，全国的扶贫成果逐渐进入检验阶段。

福建宁德宣布通过第二次脱贫验收，宁夏的闽宁镇通过最后的验收。山东完成验收任务，湖南部分乡镇完成脱贫任务，江西宣告脱贫任务接近尾声，西藏林芝和昌都地区已经奔赴在小康的路上，内蒙古递交脱贫验收申请，新疆完成贫困县的脱贫攻坚任务……2019年，被世界认定的极度缺水的宁夏西海固地区，雨水增多，沙漠面积在逐年缩小。2019年，笔者去宁夏西海固采访，当时天正下着雨。当地的老百姓告诉我们：“从去年开始，这里的雨水比往年增加了很多……”

在帮扶工作中，有一条原则，凡是污染的企业不得进入扶贫项目。每个村庄、每个乡镇的贫困地区都要牢记这个原则。在中国的扶贫进程中，扶贫干部为当地自然环境的保护付出了自己的努力。他们都在努力构建新的经济形势并建立起当地的文化。

习近平总书记在2020年中央政治局常务委员会上提出：“要坚决打赢脱贫攻坚战，确保贫困人口全部脱贫。”

历史的发展往往在变化中孕育着新的思想。这些新的思想和观念不是孤立的，它一定是根植于历史文化中，并随着帮扶和脱贫的实践产生。

“我来告诉你，我们这些离开土地的农民现在想的是什么？”说话人声音洪亮，不禁吸引住了我，同时也引起了过路人的关注。说话者身着新西装，虽然西装在他身上略微紧了点，但他的话吸引了众人，而且引起了在场人的共鸣：“我是移民，说实在的，”他强调自己的真实想法，“我就是想再找一条出路，发家致富。我就不信，别人可以做到的，我们为什么不可以？”

现场有人发出质疑的笑声：“有钱了还想更多的钱，是不是有点贪心了……”

这个人的话显然打击了他的自尊，他开始反击：“为什么不可以？”

“你刚把身上的泥土抖干净，就想当老板？”现场有人笑着说。

“你看那些老板，他们中很多人都是从我们农民中走出来的。为什么我们就不行？”

“你和我都是靠政府帮扶政策脱贫的，现在赚了点小钱就不知天高地厚了。”

“没有胆量就没有明天，没有志气就没有未来。”他继续反驳，“谁不是从创业开始的？我靠什么，你知道吗？”

对方摇头，想了想说：“靠贷款？”

“对，也不对，”他指着自己的脑门：“靠这个，咱们要学习帮扶干部，他们动脑筋，积极想办法，咱们要以他们为榜样。”

“你穿上皮鞋就忘了光脚的时候，说的容易……”

“我没忘了光脚的日子，会记一辈子。当然，世间没有容易的事。我们吃的苦我都一一记住了，我们更要牢记，我们受恩于党的政策。我终生难忘帮扶干部的恩德。就因为这些，我们都要努力创业才对得起他们！”

在湖南通道县一个小小的村庄里，一个孩子的出生，需要器乐的演奏声来祝贺。而演奏的乐曲就是《我爱我的祖国》。通道县曾经在中国革命时期做出了巨大贡献，历史上称为“通道会议”，这次会议为遵义会议的召开奠定了基础。在当地老百姓自发的文艺活动中，我们听到的器乐演奏都是红色歌曲《我爱我的祖国》。这些质朴的农民并没有遵循上级领导的指示来演奏这首红色歌曲，而是凭借着自己对生活的感受表达出对中国共产党和祖国的热爱之情。

时间是最好的证明。在云南省澜沧县，曾经被郝鸣老师帮扶的拉祜族姑娘纳郝，这天邀请许赞霖前往她工作的澜沧县农业银行，在路上，纳郝指着眼前拉祜族居住的乡村说：“我会把郝鸣老师的大爱精神传承下去的，请您放心。”

到了澜沧县，出现在许赞霖眼前的是别具一格的拉祜族建筑，过去那些破烂不堪的瓦屋早已消失在时间的尘埃里。

感恩的民族，感恩的文化。这应该说是生活的积淀产生了新的思想。这种思想代表着他们的过去与今天。

随着扶贫攻坚接近尾声，当年许多因贫困而被迫出走的人又回到曾经贫困的故乡，他们带着资金、技术和理想回到家乡，开始他们的再次创业。他们带领大家一起发家致富。至此，贫困村一种新的经济形态产生，并紧随着新时代的步伐向前。

在那些已经脱贫村口的花园或广场上，我们可以听到当地农民发自内心的独白，他们带着历史的沧桑，讲述着自己过去的贫困和现在的幸福生活。我们还可以看到这些农民在闲暇时节，用不同的文艺形式表达出对新生活的热爱。

把贫困放进历史的洪流中，迎面而来的是奔向小康生活的阳光之路。目前中国完成人类史上的最大难题。再给 5 年的时间，中国的农民会是什么样呢？

在这场伟大的革命中，中国共产党带领着全国人民，整合国家资源，开拓了新的局面，其影响是深远的。这场脱贫攻坚的战斗，给中国社会带来了巨大的变化。中国人向前迈进的步伐轻松了，这是新的希望，中国未来发展的速度将更为科学。

1949 年 10 月 1 日，新中国向世界庄严宣告：中华人民共和国中央人民政府今天成立了。1978 年，中国向世界宣布，中国改革开放走起来。2021 年 2 月 25 日，习近平总书记在全国脱贫攻坚总结表彰大会上庄严宣告：我国脱贫攻坚战取得了全面胜利！

第五章
一次宣言

约占全球人口五分之一的中国，决心要完成一个没有绝对贫困的目标，已经引起全世界的关注。

约占全球人口五分之一的中国，决心要完成一个没有绝对贫困的目标，已经引起全世界的关注。

人类的理想

2015 年为了推进一个文化项目，我和业内的一位朋友在美国洛杉矶和美国的朋友们交流，一个当地闻名的文化人普鲁斯先生非常关注中国的农民问题，他对中国共产党提出的脱贫是这样理解的："这是一个非常大的目标和一个非常崇高的理想。"语气中略带着疑惑，"难道真的会出现奇迹吗？"

我只是微笑地反问他："您到过中国吗？您了解中国吗？"

普鲁斯回答道："当然，我曾在北京工作过。"

"那您应该知道，中国人想到的、说到的，应该是都能做到的。"

我把我走过的西藏和新疆以及所发生的故事绘声绘色地讲述给这

位美国人听。

普鲁斯随着我的讲述慢慢地从疑惑中走出来，最后他说：“哦，这也许有可能吧。”

接着，他又感慨道：“在人类史上第一个将摆脱贫困作为责任和使命并能够实现的，也许只有中国共产党吧！”

在一次关于扶贫问题的领导班子会议上，主持会议的领导问在场的每一位成员：“面对眼前的脱贫任务，你们有什么想法？”

“具体的想法暂时没有，也不可能有，没有调查就没有发言权。从目前看，我们有的是信心。”这是现场其中一个人的回答，回答的时间是 2012 年的初春。

另一个班子成员看着大家说：“这在历史上还是少见的啊。现在落在我们的身上，我感到责任重大……”

“这是一次伟大的实践，看看我们这些人能不能完成这项任务。我们要走一条从未走过的路……”他从历史观的角度看待脱贫工作。

“我认为只要我们共产党想做的事就一定能做成，回忆党的历史，我们党做的事都做成功了。虽然任务很艰巨，只要大家朝着目标，一致向前，我看是没有问题的。”

不知道这是在表态还是在思考。总之，这场会议表明了一个决心：世上没有完成不了的事情。

在西藏昌都市左贡县，村民们私下在议论帮扶干部：

“他们很厉害，来了就说事，说了就做事，说到就能做到。”

“扎西大叔的房子这么快就给修好了。你看他的脸面有了，头抬起来了，说话的声音也大了。”

一天，扎西大叔出现在大家的面前，他面带笑容，而他说“以后你们谁敢说共产党的坏话，我就把你们赶出村子！”令在场的人目瞪口呆。这是一位朴实农民的心声，这位农民来自祖国的边陲。

党在民心

经历脱贫的艰辛，那些中国共产党的挂职干部，他们务实谦和的工作作风深植在人民心中。

一天，在山西太行山下的一户贫困家里，突然来了几个面带笑容的陌生人。他们出现在张大伯的跟前，很礼貌地问道：“我能看看您的家吗？”

张大伯不知道他们从何处来，但见他们一脸的真诚，又那么有礼貌，便热情地让这些人进门。那几个人在张大伯的院子里转了一圈，申请要进屋里看看，张大伯同意了。同时也随着他们走进屋子。他们掀开锅盖问张大伯：“您今天吃的是什么？”

“米饭。好着呢！”

“啥菜呀？”

“镇上买的鱼，还有自家喂养的鸭子。”

“家里的孩子上学去啦？”

“嗯，都在上学。”

他们还打开张大伯的衣橱，发现衣橱里挂着许多新衣服。

“大叔，您现在还在村里做事吗？”

“做啊，他们对我这么好，我不做，就愧对人家了，人家把我当成他们的亲戚了。”

“能赚钱吗？”

“当然能赚钱，一个月快3000元了，足够我花销了。我在地里还种点庄稼，平时很少花钱。”

来的人要走了。张大伯跟随着来者到了村口，他一直陪着这几个人，直到他们上了一辆面包车离开村子。张大伯很纳闷：“他们是谁啊？”

他们是上级派来的检查组。他们不需要地方政府的陪同，主要是来检查监督贫困户是否真正改变了贫困。

这些派来的检查组的工作人员不仅仅是来检查监督的，他们在无声地告诉老百姓，中国共产党的工作作风是需要组织的考验，是要经受人民的检验的。

笔者在接触贫困户的过程中，贫困户提到最多的就是：“扶贫干部们舍家别口，他和我们一起生活，从早到晚，吃住都在一起。他们就像当年的老革命干部一样，和当地的群众，一起面对困难，克服困难……”

2019年11月15日，俄罗斯记者格奥尔基·左托夫在“论据与事实”栏目就中国脱贫的报道，发表了一篇题为《让官员体验住窑洞——中国开脱贫药》的文章，结尾写道：“我认为，最好让俄罗斯的地方官员也每个月到贫困家庭住几天。也许他们就会明白，贫困者活得多不容易。”

2013 年，世界银行中国局经济政策国别业务主任苏薰燮在接受中国网记者专访时表示：“很显然，在过去三十多年里，中国在减贫领域取得了历史性的进步，中国通过一系列的改革措施促进了经济的增长，大幅度减少了贫困人口，这不仅使中国人民受益，更对世界减贫产生了积极的影响。”

美国库恩基金会主席罗伯特·库恩感慨道，自己 30 多年来目睹了中国快速的经济增长。

英国伦敦国王学院中国研究院院长克里·布朗认为，中国特色社会主义是为中国量身定制的，有其独特的成分和元素，它是由独特的文化和知识背景所支撑和约束的。中国作为一个经济体的突出地位，意味着中国的独特性。

世界银行发布的《推进更加包容、更可持续的发展》系统性分析报告对中国在扶贫方面取得的重大成就给予了大力赞扬。该报告显示，从 1978 年到 2014 年，中国人均收入增加了 16 倍，以每人每天生活费 1.9 美元国际购买力平价计，中国的极端贫困发生率由 1981 年的 88.3% 大幅降至 2013 年的 1.9%，超过 8.5 亿的中国人摆脱了贫困。联合国助理秘书长、联合国开发计划署助理署长也评价道，中共十八大以来，中国秉承开发式扶贫的理念，采取精准扶贫的措施，取得了显著成效。精准扶贫的有效实施为中国和世界落实联合国《2030 年可持续发展议程》及其 17 个可持续发展目标做出了巨大贡献。可以说，中国的减贫成就获得了举世瞩目的称赞，在世界上赢得广泛赞誉。诚如联合国粮农组织减贫项目官员安娜·坎波斯所说的，中国在扶贫领域为其他国家树立了榜样。

“中国政府反复强调要精准扶贫，增强扶贫工作的针对性和有效性。”秘鲁太平洋大学亚太经合组织研究中心研究员费南多·维吉尔曾公开发表自己的看法，他认为，中国在改善民生方面取得的成绩是有目共睹的。

联合国教科文组织驻华代表欧敏行谈到中国能与全世界分享的做法和经验时表示，中国其实已经为世界分享了许多经验。中国不仅为其他国家提供帮助，还在扶贫领域共享经验，大力协助国际社会共同发展。尤其为非洲的发展、为那些最不发达和最需要帮助的国家提供了支持。她说，中国在推动农村向城市的过渡方面做得也很出色。中国特色的社会保障措施以及其他成功的实践经验都值得各国借鉴和学习。她希望中国能一如既往地继续分享宝贵经验，助力全世界在 2030 年前实现消除贫困的目标。

我在寻访的过程中，多次走进贫困家庭和人群中，坐在他们的院子里，听他们讲述他们自己的故事。这些经历过贫困的人，有老人，有中年人，还有些天真烂漫的孩子。有的是第二代接受帮扶的人，在他们年少时就感受到帮扶的温暖，体会到创业的艰辛与收获后的幸福。这些人形成了一股强大的力量，在社会发展中开创了他们的发展空间。这个群体的一部分人来自移民，他们把自己生产的葡萄酒送到法国葡萄酒的评选会上参加评选并拿到了金奖。经过努力和奋斗，他们从贫困走向富裕。这个致力于理想的群体代表着先进的生产力和进步的文化形态。他们用自己的实践向世界宣告：我是中国的农民，我要用我创造出的价值来证明我的成就。

迈进那些移民的家，你会看到青山绿水簇拥着一栋栋小楼，楼前停放着一辆辆小车和播种机、收割机。他们的子女大都离开了生他养他的家乡，有的在经济发达的城市打工，有的在校读书，有的自己在创业。这些农民用实际行动告诉世界，他们的日子过得很幸福。

新加坡媒体《联合早报》就中国的扶贫报道发表了评论，赞叹道："电商扶贫摘下中国农村的穷帽子。"文章中讲述了"在重庆，借农村电商振兴农村经济和扶贫的并不仅限于奉节，中东部的石柱土家族自治县已建成电商聚集的产业园，这些产业园共享资源并提供技术培训。"

中国的扶贫越来越受到世界的关注。因为这是一个人类必须面对的共同问题。

许多国际友人也在关注着中国。"中国在减贫领域为其他国家树立了榜样。"联合国粮农组织减贫项目官员安娜·坎波斯表示，"中国在减贫领域取得巨大成果是因为政府始终把扶贫工作摆在重要位置，并且在扶贫方面有清晰的目标。"

南非人类科学研究委员会研究员亚兹妮·艾波尔认为，精准扶贫是一门"艺术"，而中国精通这门"艺术"，因为通过经济改革和工业化，中国完成千年发展目标，并将"赤贫人口比例减半"。

中国消灭了绝对贫困，显示了中国人的力量。中国的扶贫呈现出阶梯式的推进发展。有些贫困户从乡村和人口不宜居住的地方移民到经过科学规划的区域；有的则经过帮扶，获得自身发展，走进县域经济的潮流，而经过发展，又从县域经济潮流中涌向城市工业、现代科技产业。城市的现代化提升了国家经济的高质量发展，同时又反哺农村经济，提升农村经济在市场的竞争力，形成了一个良性循环。这就是习近平总书记为中国人民勾画的中国梦。这一决策不但解决了中国的贫困问题，同时解决了中国未来发展的问题。

我常常惊叹于中国的扶贫政策带来的令人震撼的成果，并把自己的感受讲述给我的外国友人，这位好友是德国电影界的查理先生。

他多次来到中国，对曾经的中国农村略知点滴，他看了我发给他的视频，通过微信语音问道："孙先生，这里是我们4年前走过的地方吗？"

"是的。"

"不可能吧。那地方都是破旧的房子，村口的村民都在晒太阳，地上长的东西都是很少很少的（庄稼长势不好）。"

"是啊。当时您在那里拍电影，看到的场景确实是比较荒凉。"

"不可思议的中国人……"

"这样的变化到处都是。"我告诉查理先生，"我们中国人想做的事一定能够做到。"

"奇妙而伟大的中国，我们是做不到的。当然，这仅仅是我个人的理解。"

查理先生的话也许是出自德国人的谦虚或是严谨，但他对中国变化之大的惊讶却是真实的内心感受。

旅居英国的李建华先生看了他家乡的视频说:“听说了，谢谢您告诉我，我已经看到了。我想回家看看。这是我们中国人的骄傲，英国人是做不到的。”

中国人口约占世界的五分之一，拥有世界最大的经济市场。据2013年统计数据，在当时中国13.7亿人中，贫困人口有8000多万。习近平总书记提出脱贫攻坚战之后，中国每年约1000万的人口脱离贫困。这应该是人类史上罕见的一次伟大实践。

中国的脱贫攻坚，是人类史上成功的典范。

一个能够解决人民贫困的政党和政府，一个能让人民过上幸福生活的政党和政府，必定拥着宽广的胸怀，不怕牺牲，敢于承担起责任和使命。他们用其初心和担当为人民谋幸福，为中华民族谋复兴。

中国的声音

中国共产党具有坚定的信仰，具有实践能力，能够科学地执行伟大任务，而且能够满足人民的需求。

习近平总书记曾站在人类发展史的角度展现一个大国的情怀。2017年1月17日，习近平总书记在瑞士达沃斯举行的世界经济论坛2017年年会开幕式上，发表了题为《共担时代责任 共促全球发展》的主旨演讲。“中国人民深知实现国家繁荣富强的艰辛，对各国人民取得的发展成就都点赞，都为他们祝福，都希望他们的日子越过越好，不会犯‘红眼病’，不会抱怨他人从中国发展中得到了巨大机遇和丰厚回报。中国人民张开双臂欢迎各国人民搭乘中国发展的‘快车’、‘便车’。”

这是中国共产党人的宣言，要和平，要建立人类命运共同体，就得包容。习近平总书记提出的“一带一路”倡议展示出共建人类命运共同体的发展思路。他所领导的脱贫事业，可以让世界重新思考中国共产党的治国理念。

当时间把世界带入 21 世纪，中国共产党人依然坚持自己的信念，和世界人民一同肩负世界发展的使命，依然延续老一辈革命家的国际观，继续对困难的国家和人民提供必要的援助。“消除贫困是人类的共同使命。”习近平总书记就中国脱贫做出了许多重要的指示。中国人民在中国共产党的领导下再次证明了：中国人民有能力解决中国人自己的问题。摆脱贫困这不仅仅是中国的问题，而且也是世界的问题。

用中国特色社会主义理论来解决中国人民的贫困，为世界摆脱贫困做出科学的示范。习近平总书记提出的“一带一路”倡议经过多年的实践，证明了中国人对世界和平与发展起着积极的推进作用，也为世界人民摆脱贫困开创了一条值得借鉴的道路。“一带一路”倡议的实施，带动了“一带一路”沿线国家的交流与沟通，牵动了沿线国家的经济发展。

“消除贫困、改善民生、实现共同富裕，是社会主义的本质要求。”这是从哲学的高度做出的科学决策。

2013 年 4 月，习近平总书记视察海南时亲切看望基层群众，留下了殷切嘱托——“小康不小康，关键看老乡。”“抓民生要抓住人民最关心、最直接、最现实的利益问题，抓住最需要关心的人群，一件事情接着一件事情办、一年接着一年干，锲而不舍向前走。”

习近平总书记在 2018 年新年贺词中提出：“到 2020 年我国现行标准下农村贫困人口实现脱贫，是我们的庄严承诺，一诺千金。到 2020 年只有 3 年的时间，全社会要行动起来，尽锐出战，精准施策，不断夺取新胜利。3 年后如期打赢脱贫攻坚战，这在中华民族几千年历史发展上将是首次整体消除绝对贫困现象，让我们一起来完成这项对中华民族、对整个人类都具有重大意义的伟业。”

在 2018 年春节团拜会上，习近平总书记说：“幸福是奋斗出来的。”深刻指出了幸福的来源和真谛。

幸福都是奋斗出来的，实现中华民族伟大复兴，创造中国人民美好生活，更需要长期奋斗、艰苦奋斗、共同奋斗。

2018 年 4 月 13 日，习近平总书记在庆祝海南建省办经济特区 30 周年大会上发表重要讲话，对海南提出明确要求：“要坚持以人民为中心的发展思想，不断满足人民日益增长的美好生活需要，让改革发展成果更多更公平惠及人民。”

2018 年终，在全国扶贫开发工作会议上，宣告农村贫困人口减少 16602 万人。2019 年贫困人口减少 1000 万人，2020 年将全面结束历经数千年的贫困问题。

这是中国共产党人的宣言，21世纪的一个宣言。如习近平总书记在2015年减贫与发展高层论坛上所提出的:“消除贫困是人类的共同使命。改革开放30多年来，中国走出了一条中国特色减贫道路。中国在致力于自身消除贫困的同时，积极展开南南合作，同舟共济，攻坚克难，支持和帮助广大发展中国家特别是最不发达国家消除贫困，为各国人民带来更多福祉。”中国共产党以这种指导思想与世界各国人民一起维护世界的和平与发展。

2019年3月，习近平总书记在甘肃看望农民时许下庄严的承诺:“小康路上一个也不能少。”就是要带领全国人民共同奔小康。

2019年4月，习近平总书记到重庆和当地农民交流。5月到江西，7月到内蒙古，8月到甘肃，9月到河南。他每到一地都走进乡村，走进农民的家，与当地老百姓亲切交谈。2019年4月15日，习近平总书记就解决“两不愁三保障”(“两不愁”即不愁吃、不愁穿，“三保障”即义务教育、基本医疗和住房安全有保障)突出问题召开座谈会，并发表重要讲话。中国共产党人用自己的行动告诉人民，只要我们想到的就一定做到。只要大家万众一心，我们的事业就一定会成功。

“全面小康路上一个也不能少。”这是习近平总书记反复提及的话，也是党和国家对人民群众的庄严承诺，就是要带领全国人民共同奔小康。

习近平总书记在2020年新年贺词中提到:“2020年是具有里程碑意义的一年。我们将全面建成小康社会，实现第一个百年奋斗目标。2020 年也是脱贫攻坚决战决胜之年。冲锋号已经吹响。我们要万众一心加油干，越是艰险越向前，把短板补得再扎实一些，把基础打得再牢靠一些，坚决打赢脱贫攻坚战，如期实现现行标准下农村贫困人口全部脱贫、贫困县全部摘帽。”

对世界而言，中国共产党人说到的就一定能做到。

这就是宣言。中国共产党的宣言，中国人民的宣言！这宣言代表着中国人民博大的胸襟与奉献，代表着人类社会和平与发展的力量。

后　　记

时间仿佛在行进的路程上给我留下诸多记忆。这篇扶贫报告的采访与写作，来自一位善于思考、敢于担当的先生的引导，他就是外文出版社的前任社长徐步。深夏的夜，北京科技会堂的一次简短的会面，徐步先生讲述了他对外文出版社的要求与设想，他说，要向世界讲述中国的故事，要用国际语境介绍中国共产党领导下的中国正在发生的变化，要用国际出版、发行的渠道对外传播中国的文化。仅仅几句话，使我深悟其思考与责任，由此启发了我对扶贫政策与实践的思考。

我在20世纪90年代末，就跟随福建省扶贫办的领导们一起踏上宁夏这片土地，经历和见证了宁夏的历史巨变。后来我深入贵州、西藏、湖南等地，实地采访了贫困户和各地的基层干部，我看到了中国农村的变化，我看到一个成功的实践，看到中国人走出了自己的路，中国人向世界证明了自己的力量。于是，我接受了这个任务。当天晚上，我完成本书写作大纲的第一稿，通过微信转发给徐步先生。最难忘的是，徐步先生亲临宁夏，他还带了责任编辑曹晓娟同志直接走进闽宁镇。于是，我就从闽宁镇开始采访，于是就有了今天的《中国扶贫报告——从闽宁镇的故事说起》。在一路采访，一路行走中，我目睹了变化中的中国农村，见证了国家扶贫政策在实践中惊人的成果。

在湖南的采访中，一位深爱祖国的企业家刘卫红带着他对故乡的赤诚之心，一路陪伴，一路介绍，他的满腔激情深深感染了我。他曾经旅居国外，历经了诸多坎坷，他的愿望和徐步先生的愿望一样，要让世界认识中国，认识中国共产党和共产党领导下的人民。在此，我向徐步先生致以崇高的敬意！向刘卫红先生表示感谢！特别向为本书出版付出努力的资深编辑曹晓娟女士表示由衷的敬意，她对书稿的篇章结构、图片的选用，甚至书稿中的每字每句都反复斟酌，多次和我协商修改，为本书的出版付出了心血和汗水。

孙永明

2022 年 5 月 25 日于福建